그림으로 이해하는

심리학

그림으로 이해하는 심리학

2020년 5월 29일 2쇄

지은이 l 고영건, 김진영
그린이 l 고정선

편 집 l 김희중, 이민재
종 이 l 세종페이퍼
제 작 l 영신사

펴낸이 l 장의덕
펴낸곳 l 도서출판 개마고원
등 록 l 1989년 9월 4일 제2-877호
주 소 l 경기도 고양시 일산동구 호수로 662 삼성라끄빌 1018호
전 화 l (031) 907-1012
팩 스 l (031) 907-1044
이메일 l webmaster@kaema.co.kr

ISBN 978-89-5769-466-4 03180
ⓒ 고영건·김진영, 2013. Printed in Goyang, Korea.

*이 도서의 국립중앙도서관 출판시도서목록(CIP)은
e-CIP 홈페이지(http://www.nl.go.kr/ecip)와 국가자료공동목록시스템
(http://www.nl.go.kr/kolisnet)에서 이용하실 수 있습니다. (CIP 제어번호: CIP2013001290)

그림으로 이해하는

심리학

고영건 · 김진영 지음 | 고정선 그림

기대와 환상을 넘어선 심리학

최근 우리 사회에서는 심리학에 대한 열기가 매우 뜨겁다. 매주 발표되는 베스트셀러 순위에서 심리학 서적이 최상위를 차지하는 일은 이제 예삿일이 된 지 오래다. 그리고 대학의 인기 학과 순위에 이제 심리학이 최상위를 차지하는 것은 더 이상 이변에 속하는 일이 아니다. 또 기업 마케팅이나 공연 무대에서도 심리학은 이미 사람들 마음속 깊이 자리 잡고 있다. 이러한 풍조를 반영하듯, 얼마 전 한 일간지에서는 '심리학 전성시대'라는 데스크 칼럼을 내보내기도 했다.

이 모든 일은 심리학이 인문 사회 계열 내에서도 비인기의 최절정을 달리던 1980년대 후반에 대학생활을 했던 필자들에게 격세지감을 불러일으킨다. 그리고 최근의 심리학 열기는 현재 활동을 하고 있는 심리학 분야의 전문가들에게 과거에 대한 아련한 향수에 젖어들도록 만들기도 한다. 왜냐하면 심리학에 대한 과도한 사회적 열기는 때때로 심리학에 대한 오해를 낳기도 하기 때문이다.

요즘 심리학에 관심을 갖는 많은 사람들은 심리학이 마치 문제 상황에서 만능키 또는 만병통치약의 역할을 해줄 것 같은 과도한 기대감을 내비치기도 한다. 예를 들면, 심리상담 또는 심리치료에 관한 전문지식은 인생 대부분의 문제들을 해결해 줄 수 있다고 믿거나,

과학적인 심리검사는 인간의 성격을 마치 쪽집게처럼 정확하게 짚어낼 수 있다는 과도한 기대를 갖는 것이다.

한 가지 재미있는 사실은 심리학에 대한 대중들의 오해는 심리학이 전성기를 구가하는 지금이나 심리학이 비인기 학문에 속하던 시절이나 크게 달라지지 않았다는 점이다. 그 당시에도 많은 사람들은 심리학자들이 보통 사람들은 할 수 없는 일들을 해줄 수 있다고 믿는 경향이 있었다. 단, 요즘과 차이가 있다면, 과거에 사람들은 심리학을 전공한 사람들이 마치 점쟁이들처럼 사람들의 마음을 꿰뚫어 볼 수 있다고 믿었다면, 요즘 사람들은 과학적인 방법으로 똑같은 일을 할 수 있다고 기대한다는 것이다.

최근 들어 사람들이 심리학에 대해 갖는 맹신 중 하나는 심리학은 무조건 재미있다는 것이다. 물론 심리학이 인생의 많은 문제를 해결하는 데 도움을 줄 뿐만 아니라 비교적 재미있는 학문에 속하는 것은 틀림없다. 하지만 심리학은 인간의 마음 및 행동과 관계된 다양한 주제를 탐구하는 학문으로서 그 재미는 접하는 사람들의 관심사가 무엇이냐에 따라 달라질 수 있다.

현재 우리 사회에서는 심리학 저술들이 넘쳐나고 있다. 하지만 정작 심리학의 입문서 역할을 할 만한 책들은 충분하지 않은 실정이다. 이 책은 필자들이 심리학에 관해 처음 흥미를 갖고 적극적인 탐색을 하는 독자들을 염두에 두고 집필한 것이다. 이 책은 심리학에 관해 입문 단계에 있는 독자들이 흔히 대학에서 사용되는 심리학개론 교재보다는 가벼운 마음으로 읽을 수 있도록 하되, 많은 심리학 대중서들처럼 심리학에 대해 과도한 기대감과 환상을 갖도록 하지는 않도록 늘 경계하는 마음가짐으로 집필했다. 필자들이 처음 이 책을 저술할 때의 목적은 심리학의 많은 분야를 포괄적으로 다루고, 또 입문서이지만 내용상 깊이가 너무 낮지 않도록 균형을 잡으려 노력하는 것이었다. 하지만 집필 과정에서 필자들은 이러한 일들이 정말 어려운 일이라는 것을 절감했다. 하지만 이 책이 내용이나 구성 면에서 부족함이 있더라도 우리 사회에 필요한 입문서로서의 최소한의 역할은 할 수 있을 것이라는 기대를 가지고 책을 세상에 선보이려 한다.

이 책이 세상의 빛을 보도록 하는 데 결정적인 역할을 한 주역 중한 사람으로서 그림 작업을 맡아준 고정선 양에게 특별한 감사의 마음을 전한다. 고정선 양은 그 무섭다는 중학교 2학년 학생임에도 불구하고 까다로운 저자의 요구를 커다란 인내심을 가지고 수용해주었을 뿐만 아니라 필자들이 기대했던 것 이상으로 그림의 완성도를 높여주었다.

다음으로 이 자리를 빌어 특별한 감사의 마음을 전하고 싶은 분중 하나는 개마고원 편집부의 김희중 선생님이다. 김희중 선생님의 성실한 노력이 없었더라면 이 책이 세상에 나오는 일은 사실상 불가능했을 것으로 보인다. 그리고 이 책은 2011년도 서울여자대학교 사회과학연구소 교내학술연구비의 지원에 힘입어 작성되었음을 밝힌다.

이 책이 완성되기까지 도움을 준 분들은 수없이 많다. 비록 지면을 통해 감사의 인사를 전하지 않더라도 이미 그 모든 분들께 필자가 감사의 마음을 갖고 있다는 사실을 이심전심으로 느끼고 계시리라 믿으면서 글을 마칠까 한다.

2013년 3월

김진영 (서울여자대학교 아동학과 교수)

고영건 (고려대학교 심리학과 교수)

차 례

차 례

contents

1장

인간 내면의 심층적 이해

정신분석
꿈의 해석
개인무의식과 집단무의식
개인심리학

정신분석 – 마음의 엑스레이

19세기를 마감하는 시기에 나타난 두 가지 세기적인 발견, 즉 엑스레이와 정신분석 간에는 상징적인 유사성이 있다. 무명의 물리학자 뢴트겐(Wilhelm Röntgen)은 빛이 통과하지 않는다고 알려진 신체를 통과할 수 있는 광선이 존재하며, 그 광선을 이용해 신체 내부를 탐색할 수 있다는 것을 실험을 통해 입증했다. 그리고 역시 무명의 의사였던 지그문트 프로이트는 인간의 정신세계도 그렇게 꿰뚫어 볼 수 있다는 점을 규명했다.

프로이트는 생리학 박사학위를 취득하고 얼마 지나지 않은 1885년에 샤르코(Jean-Martin Charcot)에게서 최면 기법을 배우기 위해 파리를 방문한 적이 있었다. 당시 파리에서 샤르코는 최면을 이용해 히스테리(hysteria) 환자를 치료하여 큰 명성을 얻고 있었다. 히스테리는 신경학적으로는 이상이 없는 상태에서 발작 혹은 마비 등의 문

지그문트 프로이트 Sigmund Freud 1856~1939

프로이트는 오스트리아의 정신과 의사였으며 정신분석학을 창시했다. 그는 빈 의과대학에서 생리학을 전공한 후 1881년에 「하급 어류종의 척수에 관하여」라는 논문으로 박사학위를 취득했다. 그 후 프랑스 파리 유학 중 장 샤르코를 만나 정신병리에 관심을 갖게 되었다. 1896년에 정신분석이론을 제안했으며 1900년에 『꿈의 해석』을 발표했다. 프로이트는 성적 충동 및 공격성과 관계된 무의식이 인간의 행동에 결정적인 역할을 한다고 보았으며 정신과 환자의 증상을 치료하기 위해서는 무의식적인 내용을 의식화하는 작업이 필요하다고 믿었다.

제 행동을 나타내는 것을 말한다. 이러한 히스테리는 사람들이 스스로 의식할 수 없는 또 다른 마음의 세계가 존재할 가능성을 시사해 주었다. 프로이트는 히스테리에 대한 샤르코의 강의에서 삶의 전환점이 되는 교훈을 얻었다.

어느 날 샤르코는 강의실에서 두 명의 히스테리 환자를 대상으로 최면을 시연했다. 한 명은 남자 기관사로 철도사고를 겪은 후부터 신경학적인 검사에서는 이상이 없음에도 불구하고 잠시도 손을 가만히 두지 못하고 계속해서 떠는 수전증 증상을 나타냈다. 다른 한 명은 젊은 여성으로 신경학적인 이상이 전혀 없었지만 걷지 못하고 휠체어에 앉아만 있는 이상행동을 보였다. 강의 중에 샤르코는 먼저 기관사에게 최면을 걸어 수전증을 멈추도록 지시했다. 그러자 기관사는 더 이상 손을 떨지 않았다. 다음으로 샤르코는 걷지 못하는 젊은 여성에게 최면을 걸어 휠체어에서 일어나 걷도록 지시했다. 그러자 그 여성은 언제 휠체어에 앉아 있었냐는 듯 강의실을 태연하게 걸어 다녔다. 그 후 샤르코는 여성에게 다시 최면을 걸어 기관사처럼 수전증을 일으키도록 암시를 주었다. 그러자 여성은 기관사와 똑같은 수전증을 나타냈다.

강의가 끝날 무렵 샤르코는 두 환자의 최면을 풀어주어 원래 상태, 즉 기관사는 수전증이 있고 젊은 여성은 다리마비 증상이 있는 상태로 만들었다. 프로이트는 샤르코에게 물었다. "선생님, 왜 선생님은 이 사람들이 최면 상태에서 히스테리 증상 없이 편하게 살 수 있게 놔두지 않고 강의 중에 걸었던 최면을 다시 풀어주셨습니까? 히스테리 증상 때문에 고통을 받느니 차라리 최면 상태에서 살아가는 것이 더 좋지 않을까요?" 이 질문에 샤르코는 프로이트를 날카롭게 쏘아보면서 "자네는 정말 그렇게 생각하나?"라고 되물었다.

샤르코의 반문을 통해 프로이트는 최면의 한계를 깨달았다. 샤르코가 보여준 것처럼 최면이 히스테리 증상을 없앨 수도 있고 또 히스테리 증상을 유발할 수도 있지만, 최면을 통해 증상을 치료하는 것은 비유적으로 표현하자면 지방흡입술로 다이어트를 하는 것처럼 환자의 삶 속에서 의미 있는 경험으로 자리 잡지 못한다는 것이다. 이처럼 최면이 문제 행동을 개선하는 데 효과가 있을지라도 삶의 의미를 선사해주지는 못한다는 사실을 깨닫게 된 프로이트는 최면 대신 정신세계 속에 감추어진 심리학적 의미를 탐구하는 쪽으로 연구의 방향을 선회했다.

이런 맥락에서 프로이트는 마음의 엑스레이에 해당하는 정신분석(psychoanalysis)을 제안했다. 뢴트겐의 엑스레이가 육안으로 보이지 않는 신체 구조물을 보여준다면 프로이트의 정신분석은 일반 사람들이 인식하지 못하는 행동 이면의 무의식적인 특성을 이해할 수 있도록 해준다.

프로이트의 정신분석 이론에서는 무의식(unconscious)이 인간의 모든 심리적 반응을 결정짓는 핵심 요인이라고 보고 있다. 하지만 무의식에 의식적으로 접근하는 것은 쉽지 않으며 일상생활 속에서는 말실수나 망각, 꿈 등에서 무의식의 흔적을 찾을 수 있을 뿐이다. 무의식이 본심을 드러내는 데 중요한 역할을 하는 대표적인 예는 말실수다. 이러한 예로 프로이트는 국회의장이 개회 선언을 하면서 "여러분 저는 국회의원들의 출석 정족수를 확인했으며 이에 폐회를

사람들에게는 두 개의 마음이 있어. 바로 최면이 그 증거지

샤르코의 최면은 무의식의 존재를 보여주지만 그것만으로는 불충분해. 사람들이 볼 수 없는 내면의 세계를 보기 위한 특별한 마음의 엑스레이가 필요해. 그게 바로 정신분석이야.

최면의 발견에서 마음의 엑스레이, 정신분석으로의 발전

선언합니다"라고 말하는 것을 소개했다. 국회의장은 이 말에서 무심결에 폐회를 원하는 속마음을 드러낸 것이다.

프로이트가 무의식을 분석하는 도구로 정신분석의 중요성을 제안한 이유는 무의식의 세계를 이해하지 못한 상태에서는 우리가 자기 행동의 의미를 사실상 거의 이해할 수 없기 때문이다. 그에 따르면, 인간의 행동에서 정말로 중요한 의미를 갖는 행동들은 당사자가 의식할 수 없다. 하지만 여기서 주의할 점은 일반적인 배고픔이나 성적인 욕구, 그리고 '도둑질을 하지 말라'와 같은 도덕률 등은 무의식에 속하지 않는다는 점이다. 그러한 것들은 누구나 쉽게 의식해서 떠올릴 수 있기 때문이다.

무의식의 예로는 어떤 것이 있을까? 중학교 때 친구들에게 왕따를 당했던 학생이 고등학교 때 다른 친구를 왕따시키는 데 적극적으로 가담한다고 했을 때, 정신분석의 관점에서 그 학생은 자신과 다른 학생들에 대한 증오의 감정을 무의식의 세계에 남겨두고 인식하지 못하는 상태에 있다고 평가할 수 있다. 대부분의 사람은 스스로에 대한 미움과 연민의 정을 충분히 인식할 수 있다. 하지만 왕따 경험 때문에 다른 친구를 괴롭히는 학생은 이러한 감정을 인식하게 될 경우 매우 불편한 느낌을 받기에 자신의 진짜 감정을 무의식으로 둔다. 이 상태에서 그 학생은 다른 학생을 괴롭히는 행동을 통해 자기 자신에 대한 증오감을 외부로 표출한다고 해석할 수 있다.

꿈의 해석 – 무의식에 이르는 왕도

프로이트는 1900년에 출판된 『꿈의 해석』을 자신의 가장 중요한 업적으로 꼽는다. 프로이트는 이 책을 매우 자랑스러워했는데 그 이유는 이전까지 아무도 해내지 못한 꿈의 상징적 의미를 해독하는 일을 해냈다고 생각했기 때문이다. 프로이트는 꿈이 사람들의 무의식이나 정신과 환자의 신경증을 이해하고 또 치료하기 위한 실마리라고 확신했다. 이런 점에서 그는 꿈이 '무의식에 이르는 왕도(王道)'이며 그러한 꿈을 해석하는 것이 바로 정신분석의 핵심적인 치료 과정이라고 주장했다.

꿈의 본질에 대한 프로이트의 첫번째 통찰은 꿈이 사람들 내면에 있는 소망의 표현이라고 본 것이었다. 프로이트는 개인의 사적인 욕망이 표현되는 백일몽처럼 꿈에서도 소망이 적나라하게 드러난다는 사실을 깨달았다. 예컨대, 프로이트는 자신의 딸이 아파서 금식을 한 후 딸기와 오믈렛 그리고 푸딩이 등장하는 꿈을 꾸는 것을 발견했다.

많은 비판가들은 불안한 꿈과 처벌받는 꿈을 소개하면서 꿈이 내면의 소망을 표현한 것이라는 프로이트의 주장이 잘못되었다고 주장했다. 하지만 프로이트는 그러한 비판이 정신분석 이론을 오해한 것이라고 지적하면서 그러한 꿈들은 무의식적인 형태의 도덕적 욕구와 관계가 있다고 설명했다. 예를 들면, 처벌받는 꿈은 무의식적인 도덕적 욕구가 충족되는 과정을 표현하는 것이라는 이야기다.

프로이트에 따르면, 꿈은 꿈꾸는 사람이 과거에 경험한 어떤 사건 또는 생각에 대한 반응에 해당된다. 그러한 사건 또는 생각에 대한 연상의 고리는 꿈꾸는 사람이 의식적으로는 받아들이지 않는 내적인 소망과 밀접한 관계가 있으며 주로 자는 동안에 검열 장치가 느슨해지는 과정에서 비로소 모습을 드러낸다. 하지만 이때 마음속 검열 장치는 숨겨진 소망을 왜곡시키고 또 꿈속의 구체적인 내용과 대상을 변환한다.

꿈속에서 마음 내부의 검열 장치가 작동하는 방식을 이해하기 위해서는 먼저 인간의 의식이 세 가지 층으로 구성되어 있다는 사실을 인지하는 것이 필요하다. 그 세 가지 층은 의식(conscious), 전의식(preconscious) 그리고 무의식이다. 의식은 특정 시점에서 인식된 내용들로 구성되며 외부 세계와의 접촉이 일어나는 지점이다. 전의식은 의식의 표면 바로 아래에 존재하는 내용들로서 인지하고자 한다면 상대적으로 쉽게 생각해낼 수 있다. 무의식은 의식적 자각의 표면 훨씬 아래에 있는 소망, 욕구, 환상, 그리고 도덕적 금기 등으로 구성되어 있다. 프로이트는 의식이 '빙산의 일각'에 불과하며 물속에 잠겨 있는 거대한 나머지 부분에 해당하는 무의식이 우리의 행동에 결정적인 영향을 미친다고 주장했다.

보통 삶에서의 급격한 변화(예를 들어, 사랑하는 사람의 예기치 못한 죽음)는 사람들에게 불안과 우울을 야기할 수 있다. 따라서 일상생활에서 급격한 변화가 일어날 경우, 우리는 그러한 변화를 정신적으로 받아들일 수 있을 때까지 시간을 벌 필요가 있다. 변화에 의한 불안과 우울을 견뎌낼 수 있게 될 때까지 그러한 외부 사건은 내부적으로 적절히 통제되어야 한다. 우리들 마음속에 일종의 무의식적 검열 장치가 존재하는 이유가 바로 여기에 있다. 그리고 꿈은 무의식적 검열 장치가 작동하는 상징적인 방식을 잘 보여준다.

일반적으로는 꿈의 상징적인 의미가 명료하게 나타나는 경우는 매우 드물다. 왜냐하면 꿈에서는 무의식이 내적인 소망을 감추도록 강요하기 때문이다. 바로 이것이 꿈에 관한 프로이트의 두번째 통찰이다. 그는 꿈꾸는 사람의 소망이 무엇인지 알아낼 수 있는 좋은 방법 중 하나는 꿈을 꾼 사람이 꿈에 나온 요소들을 자유롭게 연상하도록 독려하는 과정에서 꿈의 상징적인 의미를 발견하는 것이라고 보았다. 그렇기 때문에 프로이트는 꿈과 증상의 의미를 해석하는 가장 효과적인 방법은 꿈꾼 사람이 꿈과 관련해서 떠오르는 생각을 자유롭게 말한 것을 상징에 대한 보편적 지식을 결합해 행간의 의미를 읽어내는 것이라고 제안했다. 이렇게 정신분석에서는 사람들의 무의식을 탐구함으로써 증상의 원인을 밝히고 당면한 문제들을 해결하고자 할 때 자유연상(free association)과 꿈 분석(dream analysis)을 결합해 활용한다.

정신분석에서 꿈은 매우 중요한 역할을 한다. 정신분석에서의 '꿈 해석' 또는 '꿈 작업'은 동양 사람들에게 친숙한 해몽, 즉 꿈풀이와는 다르다. 일반적으로 꿈풀이에서는 꿈과 해석의 내용이 일대일의 대응관계를 갖는다. 돼지꿈은 부귀를 상징한다거나 집으로 누런 황소

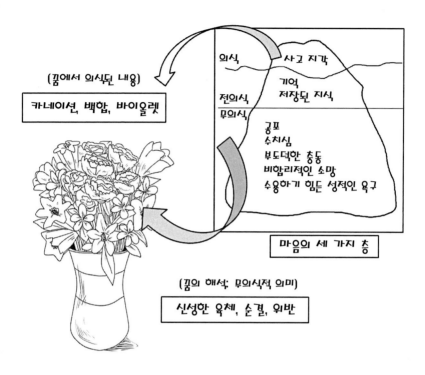

(꿈에서 의식된 내용)

카네이션, 백합, 바이올렛

의식   사고 지각

기억
저장된 지식

전의식

무의식

공포
수치심
부도덕한 충동
비합리적인 소망
수용하기 힘든 성적인 욕구

마음의 세 가지 층

(꿈의 해석: 무의식적 의미)

신성한 육체, 순결, 위반

가 들어오는 꿈은 임신과 관계가 있다는 식이다. 하지만 정신분석에
서는 꿈과 해석된 내용이 '일대다(一對多)'의 관계를 갖는다. 즉, 동일
한 내용일지라도 누가 어떤 상황에서 꿈을 꾸느냐에 따라 해석 내용
이 달라지는 것이다.

프로이트는 기념비적인 저서 『꿈의 해석』에서 약혼자와의 결혼
을 앞두고 있는 한 여성의 꿈 내용을 소개했다. 그녀는 결혼을 앞두
고 있는 상황에서 테이블 위에 있는 꽃병이 세 종류의 꽃으로 장식
되어 있는 꿈을 꾸었다. 그 세 가지 꽃은 카네이션(carnation)과 백합

(lily) 그리고 바이올렛(violets)이었다. 그런데 정작 꿈을 꾼 본인은 자신이 꾼 꿈의 의미를 이해하지 못했다.

하지만 그녀의 꿈에 대한 설명을 들으면서 프로이트는 그녀의 꿈속에서 표현된 세 가지 꽃이 약혼자와의 성적인 갈등과 밀접한 관계가 있다고 해석했다. 실제로 그녀가 카네이션이라는 꽃에 대해서 '신성한 육체(incarnation)'라는 단어를, 그리고 백합에 대해서 백합의 꽃말인 '순결'이라는 단어를, 또 바이올렛에 대해서 'violate(위반하다 또는 범하다)'라는 단어를 떠올렸던 점을 고려해볼 때 프로이트의 해석은 설득력이 있다.

나중에 그녀가 고백한 바에 따르면, 그녀는 그 꿈을 꿀 당시에 결혼을 앞두고 약혼자와의 혼전성관계 문제 때문에 심각한 갈등을 겪고 있었다고 한다. 이런 점에서 볼 때 그녀가 꿈에서 본 세 종류의 꽃은 그녀의 무의식적 사고 내용, 즉 '혼전 성관계와 관련된 심리적 갈등'을 상징하는 것으로 보인다. 정신분석의 관점에서 본다면 꿈은 사람들이 의식하지 못하는 무의식의 세계와 의식의 세계를 이어주는 일종의 교량 역할을 한다.

칼 융
개인무의식과 집단무의식 – 무의식의 두 가지 층

정신분석학의 위대한 선구자 중 한 명인 칼 융은 정신분석학의 태생기에 절친한 동료이자 암묵적인 후계자로서 프로이트와 각별한 관계에 있었다. 하지만 이론가로서 프로이트와 융은 상반된 특성을 갖고 있었다. 프로이트가 현실적인 전투 지휘관 스타일이라면 융은 이상적인 로맨티스트였다. 결국 그 둘은 얼마 가지 않아 결별했다. 프로이트와 융의 결별에 결정적인 역할을 한 것은 바로 꿈의 해석을 둘러싼 입장 차이였다. 꿈에 관한 융의 관점은 몇 가지 점에서 프로이트의 정신분석적 관점과 구분된다.

첫째, 꿈 작업에서의 초점이다. 프로이트는 꿈을 분석할 때 꿈의 배경이 되는 무의식에 초점을 맞추었다. 이를 위해 프로이트는 꿈에서 핵심적인 내용만을 추출하고자 노력했다. 하지만 융은 꿈의 배경적 사건이 아니라, 꿈의 내용 그 자체가 표현하고자 하는 심리적인

칼 융 Carl G. Jung 1875~1961

칼 융은 스위스의 정신과 의사이며 분석심리학의 창시자이다. 융은 바젤대학교에서 의학을 공부한 후 취리히대학교에서 「신비현상의 심리학과 병리학에 관하여」라는 논문으로 박사학위를 받았다. 그 후 그는 취리히 국립 폴리테크닉대학교에서 심리학 교수 그리고 바젤대학교에서 의료심리학 교수로 재직했다. 스위스 퀴스나흐트에서 정신분석 클리닉을 운영했으며 세계정신분석협회 회장을 역임한 바 있다. 그의 주요 저서로는 「심리 유형」(1921), 「무의식의 심리학」(1943), 「심리학과 연금술」(1944), 「욥에의 응답」(1952) 등이 있다.

의미를 규명하고자 시도했다. 따라서 융은 꿈을 분석할 때 꿈의 갖가지 측면을 종합적으로 고려했다.

둘째, 성적인 문제에 대한 해석적 차이다. 프로이트는 꿈을 분석하는 과정에서 성적인 의미를 규명하는 데 주안점을 두었다. 하지만 융은 꿈에서 한 개인 삶에서의 전인적 심리 과정을 분석하는 데 더 큰 관심을 두었다. 예를 들면 어떤 남성이 열쇠 구멍에 열쇠를 꽂거나 무거운 몽둥이를 휘두르거나 철퇴로 문을 부수는 꿈을 꾸었다고 하자. 프로이트의 관점에서 보면 이것들은 모두 성적인 의미를 담고 있다. 그러나 융은 그러한 꿈을 꾼 사람의 무의식이 특정한 이미지를 선택한 점에 주목해야 한다고 믿었다. 왜 몽둥이 대신 열쇠가 그리고 왜 철퇴 대신에 몽둥이가 선택되었는지를 이해하는 것이 더 중요하다는 것이다. 융은 우리가 이러한 분석을 진행할 때 사람들에게서 유사한 의미를 갖는 성적인 문제가 아니라 사람들마다 서로 다른 심리적 문제를 발견할 수 있다고 말했다.

셋째, 꿈과 무의식의 두 가지 층 사이의 관계이다. 프로이트는 주로 꿈의 내용이 개인적인 무의식과 관계가 있다고 보았다. 하지만 융은 무의식이 개인무의식(personal unconscious)과 집단무의식(collective unconscious)의 두 가지 층으로 구성되어 있다고 보았다. 개인무의식은 개인이 살아오는 과정에서 억압한 모든 성향과 감정으로, 프로이트의 무의식 개념과 유사하다. 반면에 집단무의식은 인류에게 공통적으로 유전돼온, 개인 안에 잠재되어 있는 기억들이 저장된 곳이다. 집단무의식은 직접적으로 의식화되지는 않지만 인류 역사의 산물인 신화, 민속, 예술 등에서 보편적으로 나타나는 주제를 통해 간접적으로 확인할 수 있다. 이런 점에서 융은 꿈에서 개인적인 무의식보다는 집단적 무의식으로서의 신화적 상징의 의미를 읽어내는 것이 더 중요하다고 보았다. 이러한 관점 아래 융은 프로이트의 정신분석과는 다른, 무의식을 분석하는 기법으로 분석심리학(Analytic Psychology)을 창안했다.

융은 분석심리학적인 접근이 프로이트의 정신분석과는 또 다른 방법으로 인생의 수많은 난제들을 해결해줄 수 있다고 믿었다. 그에 따르면, 우리가 세계를 잘못된 시각으로 바라보는 것은 흔히 있을 수 있는 일이다. 하지만 그러한 경우에 융은 우리가 관점을 바꾸어 또 다른 방향에서 조망함으로써, 즉 외면이 아니라 내면의 세계를 들여다봄으로써 올바른 해답을 얻을 수 있다고 믿었다. 이때 인간의 삶을 이해할 수 있도록 해주는 가장 핵심적인 열쇠는 바로 상징이다. 이런 점에서 분석심리학은 인간 행동의 상징적 의미를 읽어내는 학문이라고 할 수 있다.

융은 프로이트의 개인적 무의식의 개념을 확장시켜 집단무의식이라는 개념을 확립했다. 융에 따르면 의식의 가장 바깥층에는 사람들이 일반적으로 알고 있는 자신의 모습에 해당되는 '나'가 자리 잡고 있다. 이때 의식화된 내용으로서 '나'는 '페르소나(persona)'로 둘러싸여 있다. 페르소나는 가면이라는 뜻의 라틴어에서 유래한 말이며, 환경의 요구와 조화를 이루려는 결과로 형성된 것이다. 즉 페르소나는 다른 사람들과의 관계 속에서 겉으로 내보이는 자신의 모습으로서, 사회생활을 하기 위해선 다양한 역할에 걸맞는 페르소나가 필요하다.

페르소나 이면에는 개인적인 무의식의 주요 내용으로서 그림자(shadow)가 자리 잡고 있다. 그림자는 우리 자신의 용납하기 어려운 특징과 감정들로 구성되어 있다. 융에 따르면, 한마디로 그림자는 "우리의 신경을 건드리는 것들이다". 대개는 페르소나가 긍정적이고 그림자는 부정적이지만 개인에 따라 그 반대의 경우도 가능하다. 그림자는 일종의 열등한 인격 같은 것이다. 비유하자면 마치 어두운 창고에 내버려진 곡식 같은 것으로 오래둘 경우 곰팡이가 슬게 된다. 다시 말해서 그림자는 의식화될 기회를 잃었기 때문에 미분화된 채로 남아 있는 원시적인 심리적 경향 및 심리적 특징들이다. 그래서 우리가 그림자를 처음 의식할 때는 미숙하고 열등하며 부도덕하다는 인상을 갖기 때문에 좀처럼 자신의 일부분으로 받아들이기를 꺼리게 된다.

그림자는 꿈 분석에서 주로 '동성'의 모습으로 등장한다. 융에 따르면, 그림자를 상실하는 것은 인간 존재의 구체적인 현실을 잃는 동시에 삶을 인식하는 데 있어서 전체성이 파괴되는 것이다. 이런 맥락에서 융은 "그림자를 없애는 것이 아니라, 그림자와 더불어 사는 법"을 배워야 한다고 말했다. 융은 그림자와 더불어 사는 것이 중요한 이유를 다음과 같이 설명했다. "밝은 것을 상상한다고 밝아지지는 않는다. 어둠을 의식함으로써 밝아지는 것이다. 그러나 그것은 불쾌한 일이고 그래서 인기가 없다."

하지만 그림자는 단지 적응이 안 된 것이고 또 다루기 힘든 것일 뿐 절대적으로 악한 것이 아니다. 오히려 인간의 실존적인 삶을 활성화하고 또 풍성하게 만들어줄 수 있는 것이다. 그렇기 때문에, 융

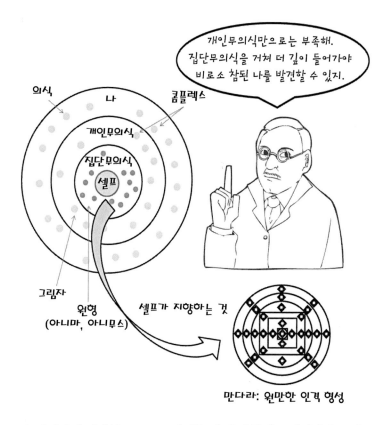

만다라: 원만한 인격 형성

은 정신적인 전체성(wholeness)이 억눌린 빛의 형태로 나타난다고 말했다. 따라서 그림자는 "감추어지고 억압되는 동시에 열등한 죄 많은 인격으로서 그 가장 밑바닥 단계는 동물의 충동성과 더 이상 구별할 수 없는 것"이라고 정의될 수 있다.

자신의 내면을 탐색하는 과정에서 개인무의식을 거쳐 한층 더 깊이 들어가게 되면 집단무의식과 조우하게 된다. 집단무의식은 개인적인 체험과는 무관한 일종의 종 특성의 하나로, 인류가 역사적으로 물려받은 정신적인 구성체를 말한다. 집단무의식은 주로 원형(archetype)으로 이루어져 있다. 원형은 특정한 대상이나 경험에 대한 상징적 표상으로서 보편적인 의미와 정서를 지니고 있다. 어머니 같은 대지, 늙은 현자, 영웅 등이 그런 원형의 이미지들이다. 집단무의식에 해당되는 대표적인 원형의 예로는 또 아니마(anima)와 아니무스(animus)를 꼽을 수 있다. 아니마는 남성 속의 여성성 원형으로 실제 어머니뿐만 아니라 모든 여성들의 이미지가 집합되어 있다. 아니마를 통해 남성은 여성을 이해할 수 있으며 예술적이고 영적인 작업에서 영감을 발휘할 수 있다. 아니무스는 여성 속의 남성성 원형으로 행동을 취하고 판단과 변별을 하는 능력이다. 아니무스가 지배적인 상태의 여성은 독단적이고 논쟁적이다.

개인무의식과 집단무의식에는 공통적으로 콤플렉스가 자리 잡고 있다. 융의 이론에서 콤플렉스는 사람들이 흔히 알고 있는 것과는 달리 열등감이 아니라 관념의 복합을 의미한다. 밤하늘의 수많은 별들이 북극성을 중심으로 별자리를 이루어 펼쳐져 있는 것처럼 콤플렉스는 정신적 구조물로서 우리들의 사고가 일정한 틀의 형태로 조직화되도록 만든다.

융은 자아 구조의 핵심부에 셀프가 자리 잡고 있다고 주장했다. 셀프는 전체로서의 조화와 통합을 위해 노력하는 원형으로서 성격 구조에서 가장 중요한 요인이라고 할 수 있다. 이러한 셀프의 중심성, 전체성, 의미에 대한 무의식적 갈망이 충족되어 자기실현(self-actualization)이 이루어졌을 때 나타나게 되는 상징이 바로 원만한 인격을 표상해주는 만다라(mandala)이다.

▍알프레드 ˚아들러
▋개인심리학 – 콤플렉스는 나의 힘

아들러 역시 정신분석학의 태생기에 프로이트의 정신분석학 운동에 동참했지만 이론가로서 그는 프로이트나 융과는 다른 개성을 지니고 있었다. 그는 철저한 실용주의적 합리주의자였다. 결국 아들러는 프로이트 및 융과는 다른 길을 걷는다.

아들러에 따르면, 개인(individual)은 나누는(divide) 것이 불가능한(in) 존재이다. 그렇지만 프로이트는 개인을 원초아, 자아, 초자아로 나누었으며 융 역시 페르소나, 그림자, 아니마, 아니무스, 셀프 등으로 나누었다. 이들의 이런 관점과 대비되는 길을 탐색하는 과정에서 아들러는 개인심리학(individual psychology)을 확립했다. 개인심리학에서는 개인 내적인 분석보다는 개인과 또 다른 개인 간의 관계에 초점을 맞춘다. 다시 말해, 개인의 사회적 관심에 주안점을 두는 것

알프레드 아들러 Alfred Adler 1870~1937
알프레드 아들러는 오스트리아의 정신과의사로 개인심리학의 창시자이며 인본주의 심리학의 선구자이기도 하다. 아들러는 어린 시절부터 몸이 약했고 6형제 중 둘째로 태어나 형의 그늘 아래서 성장했는데 이러한 어린 시절의 경험이 훗날 그의 이론에 중요한 영향을 주었다. 아들러는 빈 의과대학에서 박사학위를 취득했고 1906년에는 프로이트와 인연을 맺기도 했다. 하지만 성적 본능을 둘러싼 입장 차이 때문에 아들러는 프로이트와 결별한 후 독자적인 길을 모색했다. 그는 프로이트 및 융과는 달리 인간을 하나의 전체적인 존재로 보았으며 특히 사회적인 생활방식이 인격형성에 미치는 영향을 중요하게 봤다. 주요 저서로는 『개인심리학의 이론과 실제』(1919), 『삶의 과학』(1927), 『의미 있는 인생』(1932) 등이 있다.

이다.

아들러 역시 자유연상과 꿈 분석의 중요성을 인정했지만, 꿈을 무의식적 소망의 충족이라고 본 프로이트와는 달리 꿈은 단지 개인이 직면하고 있는 사회적 문제 상황을 해결할 수 있는 단서를 제공해준다고 믿었다. 아들러는 성격발달에서 성적인 관심보다는 사회적 관심, 즉 사회적인 문제 상황에 대처하는 개인의 반응 양식이 중요하다고 보았다. 이런 맥락에서 그는 성격형성에 영향을 주는 요소로 출생순위, 형제자매 간 경쟁의 영향, 그리고 사회적 문제 상황에서 경험하는 열등감의 개념을 특히 강조했다.

아들러의 개인심리학에서 중요한 목표 중 하나는 삶의 목적을 탐색하는 것이다. 그 과정에서 아들러는 초기 기억의 중요성을 강조했다. 이때 유념할 것은 그러한 초기 기억이 반드시 사실에 근거한 것은 아닐 수 있다는 점이다.

아들러의 초기 기억 중 하나는 초등학교 시절에 학교를 가는 길목에 있던 공동묘지에 관한 것이었다. 그는 그 공동묘지 앞을 지나가는 것을 매우 두려워했다. 유전적인 결함으로 인해 곱추로 태어났으며 유년 시절에는 질병으로 거의 죽을 뻔한 자신의 경험 때문이었다. 아들러는 나중에 성인이 되어 옛날 동창들을 다시 만났을 때 무심결에 공동묘지에 관해 얘기하면서 아직도 공동묘지가 남아 있는지 궁금하다고 물었다. 하지만 아들러의 친구들은 공동묘지를 전혀 모르고 있었다. 그 후 옛 동네를 다시 방문한 아들러는 자신의 기억 속에 있는 공동묘지는 존재한 적이 없다는 사실을 알게 되었다. 이러한 경험을 통해 아들러는 사실 그 자체보다는 인간의 현재 행동에 의미 있는 영향을 주는 요소들이 더 중요하다는 점을 깨달았다.

아들러는 인간의 행동을 이해하기 위해서는 주관적 인식틀을 조사하는 것이 중요하다고 주장했다. 사람들은 저마다 다른 생각의 틀을 가지고 세상을 보기 때문이다. 아들러는 개인의 지각, 생각, 감정, 가치관, 믿음 등 모든 측면들이 사실상 주관적 현실을 구성한다고 보았다. 이렇듯 아들러의 관점은 사람이 세계를 지각하는 개별적 방식에 관심을 갖는다는 점에서 현상학적인 특징을 갖는다. 아들러의 개인심리학의 주요 개념으로는 열등감, 우월감의 추구, 생활양식, 인생과제 등을 들 수 있다.

아들러는 인간이 누구나 열등감을 경험할 수밖에 없으며 이를 극복하기 위한 보상적 노력이 행동의 주요한 동인이 된다고 보았다. 또 그는 삶의 문제들에 도전하고 자기완성, 자기실현을 향해 나아가는 동기인 '우월성에 대한 추구(striving for superiority)'도 행동의 동인으로서 중요한 역할을 한다고 믿었다.

공동묘지 일화를 통해 확인할 수 있는 것처럼, 아들러는 취약한 자신의 신체 조건에 대해 콤플렉스(열등감)를 가지고 있었다. 하지만 이러한 콤플렉스는 아들러의 삶을 망가뜨리지 않았다. 오히려 그의 삶을 발전시키는 원동력이 돼주었다. 그는 자신의 병약한 신체 조건을 극복하고자 노력하는 과정에서 의사가 된 것이다.

아들러는 개인의 행동을 이해하는 데 결정적인 역할을 하는 것은 그가 어떤 생활양식(life style)을 갖고 있는가 하는 점이라고 주장했다. 아들러에 따르면, 생활양식은 4~5세 사이에 형성되며 인생관, 자기관, 인간관으로 구성되어 있다. 생활양식은 열등감을 극복하고자 하는 개인의 선택으로 형성된다. 사회적 관심, 활동수준, 추구하는 우월성, 보상받고자 하는 열등감이 생활양식의 형성에 중요한 영향을 준다.

아들러는 인생과제(life task)로 사회적인 관심, 일과 여가활동, 그리고 사랑을 꼽았다. 사회적 관심은 개인이 자신이 속한 집단이나 공동체 내에서 소속감을 가지고 협력하는 것을 의미한다. 그에 따르면, 늦어도 청소년기까지는 평생 무엇을 하며 살고 싶은지 결정해야 사회적인 효율성, 즉 일을 통한 사회적 기여가 증대될 수 있다. 또 그는 친밀한 관계를 형성하는 것은 모두 사랑이 될 수 있었기 때문에 이성애뿐만 아니라 가족애도 사랑에 포함된다고 보았다.

아들러는 출생순위에 따른 전형적인 성격 차이에 주목한 최초의 심리학자이기도 하다. 아들러는 한 가족 안의 아이들이 같은 부모 아래서 자란다고 해서 모두 동일한 가족환경에서 성장하는 것이 아니라고 생각했다. 실제로 각 아이들의 심리사회적 환경은 출생순위에 커다란 영향을 받는다. 출생순위와 가족 내 위치는 아이가 성인이 되었을 때 사회와 상호작용하는 방식에 큰 영향을 준다.

형제 중 가장 큰 아이의 경우, 그 아이의 심리사회적 조건은 폐위된 왕에 비유될 수 있다. 다시 말해 세상의 모든 권위를 누리고 온갖 칭송을 한 몸에 받다가 어느 날 갑자기 폐위되는 왕의 신세가 바로 첫째 아이의 처지라는 것이다. 이런 심리사회적 환경 덕분에 큰 아이는 책임감과 배려심 같은 긍정적 특성을 발달시키기도 하지만 때로는 자신감 부족, 비관주의, 적대적 성향, 보수적이고 규율을 중시하는 성향을 나타내기도 한다.

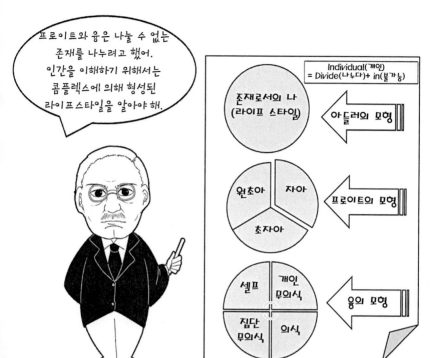

둘째 아이가 처하게 되는 심리사회적 조건은 언제나 손위의 형제들이 삶의 모델이 되고 생애 초기부터 부모의 관심과 애정을 다른 형제 또는 자매와 나누어야 한다는 것이다. 그 덕분에 둘째는 야심에 찬 경쟁자이자 공동체 지향적인 특성을 나타낼 수 있다. 하지만 동시에 이들은 반항적이고 질투심이 많으며 승부에 집착하고 추종자가 되는 것을 거부할 수 있다.

막내가 처하게 되는 심리사회적 조건은 본받아야 할 다수의 모델들이 있고 여러 사람에게서 많은 애정을 받으며 설사 애정을 다른 형제자매와 나눈다고 하더라도 가족들 사이에서 대우받는 지위가 흔들리지 않는 것이다. 그 덕분에 이들은 항상 많은 자극과 경쟁 속에 성장하게 되어 다른 형제를 앞지르고자 하는 욕구가 강할 수 있다. 하지만 너무 이른 시기에 다른 형제들과의 비교 및 경쟁에 노출되기에 잠재적으로 열등감을 품을 수 있고 또 가족들의 과잉보호로 인한 부적응 문제에 처할 위험이 있다.

외동아이의 경우, 이들이 처하는 심리사회적 조건은 부모의 애정을 독차지할 수 있다는 것이다. 외동아이들은 자부심이 강하고 자기중심적이며 독립적인 특성을 발달시킬 수 있다. 하지만 부모로부터 지나친 관심이 집중될 경우 공주병이나 왕자병과 같은 문제 행동을 나타낼 수 있고 유아독존적이고 경쟁을 회피하려는 특성을 나타낼 수 있다.

일반적으로 사람들은 아동기에 타인과 관계를 맺는 자신만의 독특한 생활양식을 습득하게 된다. 그런 점에서 아들러는 적응에 어려움을 겪는 사람들을 돕는 과정에서 가족역동(家族力動), 특히 형제관계를 중요하게 다루었다. 아동기에 형제자매 간 경쟁의 결과로 생긴 특정한 생활양식이 삶 전반에 걸쳐 어떤 영향을 주었는지를 이해하는 것이 부적응 문제의 실마리를 푸는 중요한 열쇠라는 것이다.

2장

신프로이트학파: 프로이트의 계승자들

사회적 무의식

자아체계

발달 덕목

사회적 무의식 – 사회적 이데올로기로서의 무의식

신프로이트학파의 선두주자 중 한 명인 에리히 프롬에 따르면, 19세기가 '신은 죽었다'가 화두였던 시대라면, 20세기는 '인간이 죽었다'는 것이 문제로 대두된 시대였다. 그의 주요한 이론적 관심은 프랑크푸르트학파의 일원으로서 마르크스의 사회적 비판의식을 프로이트의 정신분석과 접목하는 것이었다.

프랑크푸르트학파는 1923년 독일 프랑크푸르트에 설립된 사회과학연구소와 연계하며 활동한 일련의 사회과학자들을 말한다. 프랑크푸르트학파가 특히 주목한 것은 자본주의 사회에서의 인간의 물화 혹은 사물화 현상이었다. 사물화란 인간들 사이의 질적인 관계가 마치 상품처럼 교환가능한 양적인 관계로 바뀌는 현상을 지칭한다. 프랑크푸르트학파에 따르면, 자본주의 사회에서의 사물화는 본질

에리히 프롬 Erich Fromm 1900~1980

에리히 프롬은 독일 태생의 미국 정신분석학자이자 사회학자 그리고 철학자로서, 기존의 프로이트 이론에서 벗어나 문화의 중요성을 강조하면서 신프로이트학파를 형성했다. 그는 자유라는 개념을 인간 본성의 근본적인 부분으로 보았으며 사회심리학이 발전하는 데 크게 기여했다. 에리히 프롬은 하이델베르크대학교에서 사회학을 전공으로 철학 박사학위를 받았으며 컬럼비아대학교, 베닌튼대학교, 멕시코 국립대학교, 그리고 예일대학교에서 교수로 재직했다. 대표작으로는 『자유로부터의 도피』(1941), 『건전한 사회』(1955), 『사랑의 기술』(1956), 『소유냐 존재냐』(1976) 등이 있다.

적으로 같을 수 없는 것을 같은 것으로 만들어버린다는 문제점이 있다.

에리히 프롬은 마르크스의 이론과 프로이트의 이론이 상호보완적인 관계에 있다고 보았다. 마르크스 이론에는 심리학이 존재하지 않는 반면, 프로이트의 이론에는 사회에 대한 비판의식이 부족하기 때문이다. 이런 관점에서 에리히 프롬은 사회적 성격에 관심을 가졌다. 사회적 성격이란 특정 사회적 조건에 의해 형성된 어떤 집단(예컨대, 국가 또는 계급) 구성원들의 행동 패턴을 말한다. 예를 들면, 다른 부족을 습격하고 약탈함으로써 생활기반을 마련하는 원시 부족의 경우, 전투를 두려워하지 않는 용맹한 성격을 공유해야 하고 대조적으로 농경부족의 성원은 폭력을 배척하고 협조적인 성향을 공유하게 된다. 자본주의 사회에서는 구성원들 사이에 노동을 열망하고 금전 및 재화의 축적에 관심을 나타내며 이윤 추구 동기를 강조하는 행동 특성이 공유된다.

에리히 프롬은 사회적 성격을 조사할 수 있는 방법으로 자유질문지 기법을 소개했다. 이 기법은 질문지에 대한 답변 내용을 분석함으로써 사람들이 갖고 있는 무의식적인 사고 내용 및 행동 경향성을 추출해내는 것이다. 예를 들면, "역사에서 가장 존경하는 인물은 누구인가?"라는 질문에 어떤 사람은 "알렉산더 대왕, 로마 황제 네로, 세종대왕, 링컨"이라고 응답하고 또 다른 사람은 "소크라테스, 파스퇴르, 마르크스, 레닌"이라고 응답했다고 하자. 그러면 전자는 권력과 권위를 중시하는 사람이고 후자는 기존의 권위에 도전하는 것을 선호하는 사람으로 평가할 수 있다. 에리히 프롬은 이러한 유형의 질문을 다양한 주제로 제시한 후 답변 내용을 분석하면 개인의 성격 구조에 대한 신뢰할 수 있는 상을 얻을 수 있다고 주장했다.

에리히 프롬이 제안한 분석적 사회심리학의 중요한 개념 중 하나는 바로 사회적 무의식이다. 그는 의식과 마찬가지로 무의식 역시 사회적 현상으로서, 일반적으로 한 사회 속에서의 경험은 특정 무의식적 내용이 의식화되는 것을 금지하는 사회적 필터로 걸러진다고 주장했다.

사회적 필터는 주로 언어, 논리, 금기의 형태로 존재한다. 그리고 이러한 사회적 필터는 개인적인 믿음이 진실인 것처럼 유도하는 이데올로기 속에 숨겨진 채 기능한다. 에리히 프롬에 따르면, 모든 사회에서는 만약 사회의 구성원이 의식한다면 사회가 혼란에 빠질 수 있는 사회적 관념이나 사상에 대한 일종의 제도적 검열 장치가 작동된다. 즉 위험한 사상에 대한 사회적 억압이 이뤄지는 것이다. 이 과정에서 형성되는 사회적 무의식의 내용은 사회구조의 제반 조건에 따라 다르다. 일반적으로는 공격성, 반역, 고독, 불행, 권태 등이 사회적 무의식을 구성하게 된다. 어떤 사회에서는 인간관계를 사랑하는 일이 억압되고 그 대신 재산의 축적을 높이 평가하는 일이 장려된다. 또 어떤 사회에서는 "사회주의 국가에서는 인간소외의 문제가 발생할 수 없다"는 슬로건이 나붙기도 한다.

프로이트의 이론에서는 가장 중요한 억압의 형태 중 하나가 바로 성적인 억압이다. 하지만 에리히 프롬은 인간 최대의 공포가 바로 사회적으로 완전히 고립되거나 추방당하는 것이라고 믿었다. 그에 따르면, 사회는 추방이라는 협박을 통해 사회적인 억압이라는 목표를 달성한다.

이러한 문제의식에 기초해 에리히 프롬은 사회적 억압과 관계된 세 가지 도피의 메커니즘을 소개했다. 그것은 권위주의, 파괴성, 자동기계화로서 이것들은 개인이 자유로부터 도피하기 위해 비자발적으로 선택하는 사회-심리적 메커니즘이라 할 수 있다.

권위주의는 인간이 자아의 독립성을 포기하는 대신 자신에게 부족한 심리적인 에너지를 보충하기 위해 다른 대상에 자기 자신을 융합시키는 경향성을 말한다. 권위주의 메커니즘은 복종과 지배를 중심으로 한 사회적인 관계에서 분명하게 관찰된다. 이러한 사회적 관계는 주로 가학 및 피학적 행동의 양상을 보인다. 여기서 중요한 점은 이러한 사회적 노력이 견딜 수 없는 사회적 고독으로부터 벗어나기 위해 나타나는 행동이라는 점이다.

흔히 피학적인 사람(마조히스트)과는 달리 가학적인 사람(사디스트)은 심리적인 의존성이라는 특징과는 무관하다고 오인되곤 한다. 하지만 가학적인 사람에게는 지배할 수 있는 대상이 반드시 필요하다. 예를 들면, 어떤 가학적인 남자는 피학적인 성격의 아내를 매우 심하게 다룰 수 있다. 그러한 사람은 "너 같은 여자는 필요 없으니 나가라"는 식으로 말하기도 한다. 보통 피학적인 성격의 여성은 그러한 수모에도 불구하고 감히 집을 나갈 엄두를 내지 못한다. 그렇기 때문에 가학적인 사람은 독립적인 특성을 갖고 있는 반면에 피학적인 사람은 의존적인 특성을 갖고 있는 것 같은 인상을 준다. 하지만 여러 가지 계기(경찰의 개입 등)로 인해 아내가 집을 나가겠다고 결심을 하면, 가학적인 남편은 절망하면서 자신이 잘못했으며 다시는 안 그럴 테니 제발 나가지 말아달라고 애원하게 된다. 만약 마음이 약해진 아내가 집을 나가지 않겠다고 생각을 바꾸면 가학적인 남편은 언제 용서를 빌었냐는 듯이 예전처럼 가학적인 행동을 다시 반복한다. 에리히 프롬에 따르면, 이러한 기묘한 순환은 사회적 고독으로부터 벗어나기 위한 몸부림 과정이다.

두번째 도피 메커니즘은 파괴성이다. 파괴성은 개인이 자신과 비교가 가능한 대상을 제거하려 하는 것을 말한다. 파괴성과 가학-피학적 추구 경향성이 서로 유사해 보일지 모르지만 이 둘은 서로 다른 개념이다. 가학-피학적 추구 경향성은 특정 대상과의 결합관계를 지속하고자 하는 동기를 갖고 있는 반면에 파괴성에서는 대상을 제거하고자 한다. 예를 들면, 독일에서 나치즘이 발흥하는 데는 하층민들의 파괴성이 중요한 역할을 수행했다. 그리고 나치 지도자들은 하층민들의 파괴성에 호소함으로써 적들과의 싸움에 필요한 사회적인 지원을 얻어낼 수 있었다.

세번째 도피 메커니즘은 자동기계화이다. 이것은 현대사회에서 개인이 스스로 자기 자신이 되는 것을 포기하는 것을 말한다. 현대사회에서 개인은 문화적 양식에 의해 주어지는 행동 특징을 무비판적으로 그대로 수용한다. 그러한 과정을 통해 현대 대중사회에서는 사람들 간의 구분이 사라지고 사람들이 서로에 대해 문화적으로 기대하는 활동을 중심으로 생활하게 된다. 자동기계화가 일어나는 중요한 이유는 그러한 행동을 통해 나와 타인 간의 갈등이 소멸되고 고독감으로부터 보호받을 수 있기 때문이다.

에리히 프롬은 현대 사회의 인간소외 문제를 해결하기 위한 가장 중요한 실천적 방법으로 '사랑의 기술(The Art of Loving)'을 제안했다. 그에 따르면, 현대인은 무슨 일이든 빨리빨리 해치우려 노력하지만 실제로 그들이 시간을 절약함으로써 얻는 것은 무가치하게 보내는 시간밖에 없다. 그렇게 되는 중요한 이유는 사람들이 자기 자신에게만 너무 마음을 쏟기 때문이 아니라, 반대로 사람들이 자신에게 참된 마음을 쏟지 않기 때문이다. 동시에 사람들이 너무나 이기적이라서가 아니라, 스스로를 진정으로 사랑하고 있지 않기 때문이다.

에리히 프롬은 『사랑의 기술』에서 많이 갖고 있는 자가 부자가 아니라 많이 주는 자가 부자라고 주장한다. 진정한 사랑은 받기만 하는 것도 주기만 하는 것도 아니며, 자기 자신과 타인, 가족, 세상 모두를 사랑할 수 있을 때에야 비로소 가능한 것이다. 사랑한다는 것은 아무런 대가 없이, 대가에 대한 기대 없이 자기 자신을 내어 맡긴다는 것이고, 우리의 사랑이 사랑을 받고 있는 사람에게도 새로운 사랑을 불러일으킬 것이라는 희망에 자신을 완전히 맡기는 것을 의미한다.

현대인들은 사랑에 대해 각별한 관심을 쏟는다. 그들은 사랑을 갈망하고 사랑 이야기가 펼쳐지는 수많은 영화와 드라마를 감상하고 사랑 노래에 열광한다. 하지만 사랑에 대해서 배워야 한다고 생각하는 사람은 매우 드물다. 에리히 프롬은 그 이유로 두 가지를 든다.

첫째, 대부분의 사람들은 사랑의 문제를 사랑할 줄 아는 능력의 문제가 아니라, 사랑받는 문제로 생각한다는 것이다. 그들은 사랑의 문제를 어떻게 하면 다른 사람들로부터 사랑받을 수 있는가 또는 어떻게 하면 내가 사랑스러워질 수 있는가 하는 문제로 인식한다. 실

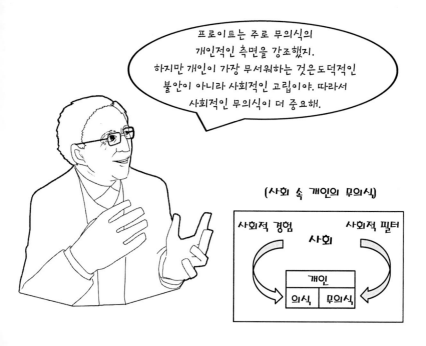

프로이트는 주로 무의식의 개인적인 측면을 강조했지. 하지만 개인이 가장 무서워하는 것은 도덕적인 불안이 아니라 사회적인 고립이야. 따라서 사회적인 무의식이 더 중요해.

(사회 속 개인의 무의식)

사회적 경험　　　사회적 필터

사회

개인

의식　무의식

제로 대부분의 현대사회에서 사람들이 사랑스럽다고 표현하는 것에는 인기와 성적 매력이 뒤섞여 있다. 현대사회에서 성형수술과 미용이 성행하는 이유도 그래서이다. 둘째, 사람들은 사랑에 빠지는 최초의 경험과 사랑을 지속하는 상태를 혼동한다. 물론 남녀가 그들 사이의 벽을 허물어버리면서 한몸이라고 느끼게 되는 일치의 순간은 생애에서 가장 유쾌한 경험 중 하나지만, 그러한 경험만이 사랑의 전부는 아니다. 만약 누군가가 산에서 예쁜 꽃을 발견해 집으로 가져온 뒤에 자기는 꽃을 사랑한다고 말하면서도 물을 주는 것을 자주 잊는다면, 그 사람이 꽃을 사랑하고 있다고 할 수 있을까? 이런 점에서 사랑은 자신이 사랑하는 대상의 생명과 그 성장을 돕는 행동이라 할 수 있다.

사랑은 어떤 사람이 다른 사람에게 자신이 갖고 있는 것 중 가장 소중한 것, 즉 생명을 주는 과정을 포함한다. 이 말은 사랑하는 사람을 위해 자신의 생명을 희생하는 것을 뜻하지 않는다. 그보다는 사랑을 통해 자기 자신 속에 살아 있는 것을 전해주는 것을 말한다. 사랑하는 사람은 상대에게 자신의 기쁨, 관심, 이해, 지식, 유머, 슬픔 등 자신 속에 생생하게 살아 있는 모든 것을 전해준다. 이처럼 사랑하는 사람은 심리학적인 상징의 의미에서 자신의 생명을 줌으로써 자기 자신의 생동감을 고양하는 동시에 타인의 생동감을 고양시키고 또 자신의 생활을 풍요롭게 하는 동시에 타인의 생활을 풍요롭게 해준다. 이런 점에서 우리는 사랑받기 위해서 사랑을 주는 것이 아니다. 사랑은 주는 것 자체가 절묘한 기쁨이 된다.

에리히 프롬에 따르면, 인간의 삶에서 사랑을 포기하는 일은 존재할 수 없다. 따라서 사랑의 실패를 극복할 수 있는 적절한 방법은 오직 하나뿐이다. 즉, 실패의 원인을 밝힌 뒤 사랑의 기술을 배우고 실천하는 것이다.

자아체계 – 불안한 유아들이 선택한 자아와 타인에 대한 이미지

신프로이트 학파 이론가 중 하나인 설리반은 시카고 의과대학을 졸업한 후 정신분석학을 공부했다. 그는 시카고대학교의 실험 심리학 전통의 영향으로 프로이트식의 추상적인 정신내적 역동보다는 관찰 가능한 행동 중심의 대인관계에 학문적 주안점을 두었다. 그는 정신의학이 일종의 대인관계에 관한 이론이라고 주장했다. 다시 말해, 정신의학은 정신과 의사가 관찰자로서 치료적 관계에 참여해 대인관계에서 진행되는 사건 혹은 과정에서 관여하는 학문이라는 것이다.

그의 대인관계 이론은 세 가지 관점, 즉 개인 연구에 초점을 둔 메이어(Adolf Meyer)의 정신생물학(psychobiology), 사회 속 자아의 발달에 초점을 맞춘 미드(George H. Mead)의 사회심리학, 그리고 인간의 사회적 유산에 관심을 둔 말리노우스키(Bronislaw Malinowski)의 문화

해리 설리반 Harry S. Sullivan 1892~1949

해리 설리반은 미국의 정신과 의사로 대인관계 정신분석을 발전시켰다. 그는 성격의 형성 과정에서 대인관계와 사회적 경험이 중요한 역할을 한다고 보았으며 정신질환을 병리 그 자체보다는 '삶 속의 문제'로 바라보았다. 설리반은 시카고 의과대학에서 박사학위를 취득했으며 월리엄 앨런슨 화이트 정신과학재단과 워싱턴 정신의학학교, 그리고 정신건강을 위한 세계연합을 세우는 데 기여했다. 저서로는 『정신과학의 인간관계론』(1953), 『인간과정으로서의 정신분열병』(1962), 『정신과학과 사회과학의 접합』(1964), 등이 있다.

인류학을 기반으로 형성되었다. 설리반의 대인관계 이론은 주로 성격발달에 영향을 주는 사회 및 문화적 요인에 초점을 둔다.

설리반은 대인관계에 기초한 성격발달 이론에서 인간은 바람직하지 못한 사회적 관계에서 유발되는 고민이나 근심을 회피하고자 하는 강력한 동기를 갖고 있다고 주장했다. 그에 따르면, 개인은 타인과 긍정적 관계를 갖기 원하며 타인에게 받아들여지기 위해 필사적인 노력을 기울인다. 따라서 타인과의 관계는 아동이 발달하는 데 결정적인 역할을 한다.

설리반에 따르면, 성격은 되풀이되는 대인관계 상황에 대처하는 지속적인 패턴이다. 다시 말해 성격은 개인이 사회적인 상황에서 다른 사람들을 대하는 특징적인 방식에 해당된다는 것이다. 설리반은 성격이 고정된 구체적인 구조를 갖고 있는 것이 아니라, 흐르는 강물처럼 일시적인 사회적 상황에서의 대인관계 경험이 상호작용하면서 형성되는 것이라고 보았다. 따라서 개인의 성격은 대인관계의 틀 속에서만 규명될 수 있다. 이러한 성격은 친밀한 사람들과의 관계에 따라 일생에 걸쳐 발달해나간다. 다만 성격의 발달에서 결정적인 시기는 유아기에서 청소년 전기까지이며 이 시기에 형성된 성격이 삶 전반에 걸쳐 광범위한 영향을 준다.

설리반은 성격이 대인관계 상황에서 야기되는 생리적 욕구와 심리사회적 욕구 간 긴장으로 인해 결정된다고 주장했다. 긴장의 원천 중 하나인 생리적 욕구는 생존에 필요한 욕구로서 음식, 물, 휴식, 성(性) 등이 여기에 해당된다. 이러한 욕구가 일어나면 심리적 긴장이 생성되기 때문에 이를 해결하고자 하게 된다. 긴장이 생성되고 또 긴장해소를 위한 행동이 나타나며 최종적으로 만족감에 이르는 순환이 이루어진다. 긴장의 또 다른 원천인 심리사회적 욕구는 대인 관계적 상황 및 문화적 상황 때문에 야기된다. 이러한 욕구는 심리 사회적 불안감의 형태로 표출된다. 아동의 경우, 안전감은 어머니의 태도 및 행동과 밀접한 관계가 있다. 만약 어머니가 자녀에게 직접 화를 내거나 자녀 때문에 불행해하면 그 자녀는 어머니의 이러한 감정을 안전에 대한 위협으로 지각할 수 있다. 이러한 상황에서 자녀가 경험하는 감정이 바로 불안이다.

설리반에 따르면, 불안의 주요한 원천은 대인관계다. 긴장이 생성되면 이를 해소하려는 행동이 개시되고 그 결과로서 안전감 또는 불안전감을 경험하게 된다. 아동의 경우, 불안은 자신감과 유능감을 감소시킬 뿐만 아니라 대인관계에서의 부적응 문제를 일으킬 수 있다. 이러한 불안은 개인이 속한 가정, 사회, 그리고 문화체계와 관계가 깊다.

불안은 설리반의 대인관계 이론에서 핵심적인 개념이다. 설리반은 불안이 모든 종류의 정서적 고통과 관계있다고 보았다. 다시 말해, 불안은 초조함·죄책감·수줍음·두려움·무가치함·혐오감 등 고통스러운 감정들과 밀접한 관계가 있다는 것이다. 이런 점에서 불안은 일종의 경고신호라고 할 수 있다. 개인이 느끼는 불안은 무언가가 잘못되었으며 변화가 필요하다는 신호라고 볼 수 있다.

설리반은 불안에 대한 세 가지 방어기제로 해리(dissociation), 병렬적 왜곡(parataxic distortion), 승화(sublimation)를 소개했다. 해리는 자신의 주요 성격특성과 부합하지 않는 행동, 태도, 그리고 욕구 등을 의식에서 배제하는 것을 말한다. 해리는 자신을 보호하기 위해 자신에게 위협적인 것을 의식에서 배제시키는 선택적 부주의(selective inattention)의 형태로 작용하게 된다. 이러한 예로는 이중인격, 몽유병, 잠꼬대, 건망증 등이 있다. 이런 점에서 해리는 프로이트가 말한 방어기제인 억압 또는 부인과 매우 유사하다. 다음으로 병렬적 왜곡은 타인에 대한 반응이 자신이 과거에 경험해왔던 나쁜 관계에 의해 편향되거나 왜곡되는 것을 말한다. 예를 들면, 아버지와 아들 사이에 형성된 어린 시절의 권위적인 대인관계가 현재의 고용주와 피고용인 사이의 대인관계를 왜곡할 수 있다. 마지막으로, 승화는 위협적인 충동이나 실패를 사회적으로 수용되는 방식으로 해소하는 것을 뜻한다.

한편, 생애 초기에 유아들은 심리사회적 욕구로 힘의 동기와 신체적 밀착감의 욕구를 경험한다. 하지만 유아들은 무기력감을 경험할 수밖에 없다. 유아는 어느 정도 성장할 때까지는 스스로 할 수 있는 것이 거의 없기 때문이다. 이러한 상황에서 유아가 신체적 친밀감의 동기를 충분히 성취하지 못하면 그 결과로서 불안전감의 주요 특성인 고독을 경험하게 된다. 따라서 유아기에는 돌보는 이들의 도움이 절대적으로 필요하다.

설리반은 대인관계 이론에서 자아(self), 자아역동성(self-dynamism), 자아체계(self-system) 등의 용어를 혼용해서 사용하다가 생애 마지막 2년 동안 자아체계라는 용어로 통일해 사용했다. 자아체계는 불안으로부터 자신을 보호하고 또 정서적 안전감을 얻기 위해 사용하는 안전작동기제(security operations)를 말한다. 다시 말해, 자아보호체계란 정서적 고통으로부터 자신을 보호하고 정서적인 안전감을 추구하기 위해 개인이 대인관계에서 사용하는 독특한 대인관계 전략에 해당된다. 이런 점에서 그의 자아체계는 일종의 자아보호체계를 의미한다.

자아체계의 뿌리는 유아기에 경험하는 불안감이다. 이 시기에는 처벌이나 비난을 모면하기 위해 부모의 명령이나 요구를 따르는 순응적인 자아체계를 발달시킨다. 하지만 이처럼 부모의 명령이나 요구에 무조건적으로 따르는 순응전략은 일시적으로는 불안을 감소시키는 데 도움을 주지만 장기적으로는 참된 자아 발달을 저해한다. 설리반에 따르면, 이런 식으로 개인의 자아체계와 진정한 자아 간에 차이가 커지면 정신분열증에 걸릴 위험이 높아진다.

설리반은 정신분열증을 신체적 원인에서 발생한 신경생리학적 질환으로 보는 전통적인 의학적 관점을 병원주의(Hospitalism)라고 비판했다. 왜냐하면 정신분열증 환자들은 비록 의사소통이 모호하고 왜곡되어 있다고 할지라도 아주 고통스러울 정도로 예민하게 다른 사람들을 의식하는 반응을 보이기 때문이다. 설리반은 정신분열증 환자들의 행동이 기이하고 무의미해 보일지라도 그러한 행동이 생겨난 대인관계 맥락을 조사하면 그들의 행동에 나름대로 타당한 이유가 있다는 것을 알 수 있다고 주장했다.

설리반의 이론에서 핵심적인 개념 중 하나는 인격화이다. 인격화는 개인이 자기 자신 혹은 다른 사람과의 관계 속에서 형성하는 이미지를 말한다. 이러한 이미지는 자아체계에 영향을 받기 때문에 정확한 표상은 아닐 수 있다. 이러한 인격화는 유아기부터 시작되며

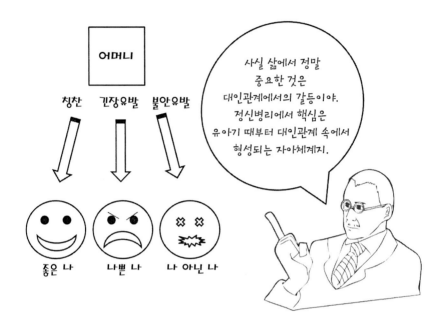

불안으로부터 자신을 보호하려는 노력과 밀접한 관계가 있다. 인격화는 자신에 대한 이미지와 타인에 대한 이미지를 모두 담고 있다. 자신에 대한 이미지의 경우, 어머니의 양육 형태에 따라 '좋은 나(good-me)', '나쁜 나(bad-me)', '나 아닌 나(not-me)'의 세 가지 자아상이 존재한다. '좋은 나' 자아상은 아이가 자신에 대해 형성한 긍정적인 이미지다. 이러한 이미지는 어머니가 유아의 반응에 대하여 온화하게 대하고 칭찬을 해주며 신체적인 안락함을 줄 때 형성된다. '나쁜 나' 자아상은 자신에 대하여 형성한 부정적인 이미지다. 어머니가 아이와의 관계에서 불만족이나 불쾌감 또는 긴장감을 경험하면 아이의 특정 행동에 과민반응을 보일 수 있다. 그럴 때 아이는 어머니의 과민반응에 불안을 경험하게 되고 이러한 경험이 누적되면 자신에 대해 나쁜 이미지를 형성한다. 마지막으로, '나 아닌 나' 자아상은 정신분열병 환자들에게서 전형적으로 나타난다. 이러한 자아상은 유아기에 강렬한 불안감을 경험함으로써 발달하는데, 극심한 불안감으로 현실과의 접점을 잃어버리게 되면서 현실에서 유리된 사고와 감정을 나타내는 것이다.

한편 타인에 대한 이미지의 경우, 특정 사람에 대해 일관되게 지각적 평가를 하는 과정에서 형성될 수 있다. 일단 이러한 이미지가 형성되면, 개인은 그 대상에게 일관된 방식으로 반응하게 된다. 예를 들어 아이가 아버지를 권위적인 대상으로 반복해서 지각하게 되면 아이는 아버지를 권위 있는 사람으로 형상화할 뿐만 아니라, 자신보다 지위가 높은 모든 대상들을 비슷하게 지각하여 그들 모두를 대할 때 동일한 방식으로 행동하게 된다. 이처럼 설리반은 어린 시절의 가족 관계가 모든 사회생활의 중심이 된다고 주장함으로써 현대 가족치료 이론이 탄생하는 데 결정적인 역할을 했다.

에릭 에릭슨
발달 덕목 – 인생에 관한 심리학적 가이드

에릭슨은 신프로이트학파 이론가들 중에서 매우 특이한 이력을 가지고 있다. 그의 학력은 고졸에 불과하지만, 하버드대학교 심리학과 교수로서 20세기 지성사를 빛낸 거장으로 인정받고 있다.

에릭슨은 신프로이트학파의 일원이라는 점에서 스승인 프로이트라는 '거인의 어깨 위에 올라앉은 난쟁이' 같다고 할 수 있다. 하지만 영국의 시인 콜리지(Samuel T. Coleridge)의 말대로, "거인의 어깨 위에 올라앉은 난쟁이는 거인보다 더 멀리 내다볼 수 있는 법이다". 실제로 에릭슨은 프로이트의 발달이론을 확대 발전시켰다.

프로이트는 인생을 결정짓는 주요한 사건들이 5세 이전에 모두 진행된다고 주장한 반면에 에릭슨은 의미 있는 발달적인 변화가 전 생애에 걸쳐 지속된다고 주장했다. 흔히 사람들은 발달의 문제라고

에릭 에릭슨 Erik H. Erikson 1902~1994

에릭 에릭슨은 독일 태생의 미국 정신분석학자이다. 에릭슨은 빈 정신분석학회에서 정신분석을 수료한 뒤 1933년에 미국으로 이주하여 하버드 의과대학의 교수가 되었다. 그 후 그는 버클리대학교와 예일대학교에서 심리학과 교수로 재직했다. 그는 인간의 발달은 유전적 요인으로 결정되지만 이러한 단계가 현실화되는 것은 사회적인 환경에 의해서라고 보았으며 프로이트의 이론을 확장시켜 성격의 심리사회적 발달 이론을 제시했다. 그의 이론에 따르면, 인간의 인생주기는 8단계로 나뉘며 각 단계에서 제시되는 발달과업을 수행함으로써 자아의 발달과 성숙이 이루어진다. 대표 저서로는 『아동기와 사회』(1950), 『청년 루터』(1958), 『자아정체감: 청년과 위기』(1968) 등이 있다.

하면, 어른이 되기 전까지의 과정을 말하는 것으로 생각하기 쉽다. 하지만 에릭슨은 인간의 삶에서 발달적인 위기가 평생에 걸쳐 일어나며 각 시기마다 사람들이 부딪히게 되는 중요한 발달적 위기들이 존재한다고 주장했다.

에릭슨의 공헌은 무엇보다도 전생애 발달이라는 개념을 정립한 것이다. 에릭슨은 질적으로 다른 행동특징을 나타내는 일련의 단계가 일정한 순서로 진행되며 이러한 단계들이 보편적으로 나타난다고 믿었다. 그에 따르면, 개체는 각 단계마다 심리사회적 위기를 겪게 되며 이러한 위기를 어떻게 해결하느냐에 따라 발달이 좌우된다. 그는 개인이 각 단계의 발달과제를 잘 해결하고 또 심리사회적 위기를 극복하게 되면 각 시기와 연관된 발달 덕목을 터득하게 된다고 주장했다.

첫번째 발달 단계에서의 발달 과제는 세상에 대한 기본적 신뢰감을 형성하는 것이다. 이 시기는 출생 후부터 약 18개월까지의 기간에 해당되는 단계로 이 단계의 심리사회적 위기를 잘 해결하기 위해서는 양육에서의 일관성·신뢰성·예측성이 매우 중요하다. 유아의 생리적, 정서적 욕구가 적절히 충족되면 기본적인 신뢰가 형성되며 희망이라는 덕목을 가지게 된다. 반면에 이 시기의 심리사회적 위기를 잘 해결하지 못하면 살아가면서 남의 말을 잘 못 믿고 또 타인의 동기를 의심하는 불신의 늪에 빠지게 된다.

두번째 단계에서의 발달 과제는 사회적 상황에서 자율성을 획득하는 것이다. 18개월~3세에 해당하는 이 단계는 아동의 욕구와 사회의 욕구, 즉 아동의 자율적 의지와 사회적 규제 사이에 첨예한 대립이 이루어지는 것이 특징이다. 배변훈련에서 상징적으로 드러나듯이, 아동은 보유(retention)와 배설(expulsion)이라는 상반되는 충동 속에서 어느 하나를 선택하는 것을 연습한다. 아동의 의지와 사회의 요구가 잘 조화된 상태에서 스스로 결정할 수 있는 자유가 주어지면 자율성을 획득하지만 그렇지 못한 경우 수치심과 회의를 갖게 된다. 수치심은 다른 사람의 눈에 자기가 좋게 보이지 않는다는 느낌을 말하며 회의는 자신이 충분히 강하지 못하기 때문에 다른 사람들이 자기를 통제할 수 있을 뿐만 아니라 자기보다 더 나은 행동을 수행할 수 있다는 사실을 깨달으며 비롯되는 스스로에 대한 의심을 뜻한다. 이 단계의 덕목은 의지로서 자유선택을 하고 자기절제를 발휘할 수 있는 힘을 뜻하며 자신과 환경에 대한 통제감과 관련이 있다.

세번째 단계에서의 발달 과제는 주도성이다. 이 시기는 3∼6세에 해당하는 시기로 관입(intrusion)이란 자아양식이 외부세계와 접촉하는 주된 방식이 된다. 이 시기에는 아동이 풍부한 상상력을 발휘하는 것과 더불어 대범하고 활기차고 심지어는 공격적인 활동양상을 보이는 경향이 있다. 이 시기에 나타나는 목표 지향적이고 경쟁적인 노력들에 대해 충분히 인정받으면 주도성이 잘 발달한다. 반면에 아동의 행동을 처벌하고 금지하면 자신이 무언가를 계획하고 활동하는 것에 대해 죄의식을 가지게 된다. 이 단계의 덕목은 목적성으로서 이것은 가치 있는 목표를 조망하고 추구하는 용기의 바탕이 된다.

네번째 단계는 6~12세에 해당하는 시기로 자아성장의 결정적 단계이다. 이 시기의 발달 과제는 근면성으로 이는 여러 가지 작업에 대해 꾸준한 주의집중과 끈기를 발휘할 수 있는 능력이다. 이 시기에는 부모와의 상호작용은 물론 교사, 또래 집단과의 상호작용도 자존감에 중요한 영향을 미친다. 지적 발달과 신체적 발달을 통해서 해당 과제를 잘 해결할 수 있는 능력을 발휘하면 근면성이 발달한다. 반면에 실패와 좌절의 경험이 반복되면 열등감과 부적절감이 형성된다. 이 시기의 덕목은 유능감으로서 이것은 지능과 재능을 자유로이 발휘하여 과제를 수행할 수 있도록 해준다. 이 시기에 과잉보호를 하는 것은 유능감의 발달을 저해할 수 있다.

다섯번째 단계에서의 발달 과제는 아이덴티티(정체성)을 형성하는 것이다. 이 시기는 청소년기(12~18세)에 해당한다. 아이덴티티는 자신에 대해 느끼고 아는 모든 것으로서 과거, 현재, 미래의 자기개념을 모두 포함한다. 아이덴티티가 잘 형성되면 충실성이라는 덕목을 얻게 된다. 충실성은 가치체계의 피할 수 없는 모순에도 불구하고 자신이 선택한 것을 충실하게 지켜나가는 능력으로서, 과제뿐만이 아니라 타인과의 관계에서의 기본적인 성실함, 의무감, 정직함, 그리고 순수함을 포함한다. 에릭슨은 청소년기를 '심리적 유예기간'이라 표현했는데 이러한 유예기간 동안 자아정체감을 적절히 형성하지 못하게 되면, 역할혼미에 빠지게 된다.

여섯번째 단계에서의 발달 과제는 사회적 관계에서 친밀감을 형성하는 것이다. 이 시기는 초기 성인기에 해당하는 단계다. 친밀감은 진정한 의미에서의 상호관계로서 자기 상실에 대한 두려움 없이 자신의 정체감을 다른 누군가의 정체감과 융합시키는 것을 말한다. 따라서 합리적인 정체감을 형성하는 과정이 없다면, 친밀감을 획득

프로이트가 성격의 발달이 5세 이전에 결정된다고 주장한 것은 잘못된 주장이야. 인간의 발달은 평생에 걸쳐 지속되며 심리사회적 위기 속에서 8가지 발달 덕목을 마스터하는 것이 중요해.

통정 대 절망감: 지혜

생산성 대 침체감: 보살핌

친밀감 대 고립감: 사랑

자아정체감 대 역할혼미: 충실성

근면성 대 열등감: 유능감

주도성 대 죄의식: 목적성

자율성 대 수치심과 회의: 의지

신뢰 대 불신: 희망

(심리사회적 위기: 발달 덕목)

하는 것 역시 불가능하다. 이 시기에 진정한 상호관계를 획득하지 못하면 고립감에 빠지게 된다. 일반적으로 고립 상태에서는 자기와 다른 것은 '잘못된 것'이라고 지각하는 경향이 있다. 이 단계의 덕목은 사랑이다. 사랑은 두 사람 사이의 어쩔 수 없는 차이점과 괴로움을 극복해나가는 상호 헌신이며 이를 통해 서로를 도울 수 있다.

일곱번째 단계에서의 발달 과제는 생산성이다. 중년기에 들어서면 사회적으로, 직업적으로, 가정적으로 다음 세대를 양성하는 활동을 통해 생산성을 획득하게 된다. 여기에는 자녀를 돌보는 것(양육과 지도), 물건을 생산하는 것, 사회적 이상을 수립하는 것 등 정신적인 면과 물질적인 면이 모두 포함된다. 생산적으로 되기 위해서는 사회와 사람에 대한 이해와 지지가 필요하다. 생산성이 결핍된 경우에는 성격이 침체되고 불모화된다. 이 단계의 덕목은 세상과 미래 세대에 대한 관심과 보살핌으로, 사랑이나 필요 혹은 우연으로 생긴 것에까지도 폭넓은 관심을 가지고서 다음 세대의 독립을 격려하고 지도하게 된다. 이 시기에 생산성을 획득하는 데 실패할 경우, 사회적인 관심을 잃어버리고 자신만의 세계에 빠져드는 침체감으로 고통받게 된다.

생애 마지막 단계에서의 발달 과제는 자아통정(ego-integrity)이다. 노년기에는 죽음을 앞두고 삶에 대해서 되돌아보게 된다. 자아통정은 자신이 살아온 삶을 하나의 주제로 통합하는 끊임없는 노력을 통해 지나왔던 일들을 필연적이라고 생각하고 다른 어떤 것으로도 대치될 수 없는 것으로 받아들이는 일을 의미한다. 반면에 지나온 삶을 수용하지 못한 채 무가치하다고 느끼면 궁극적인 절망감을 경험하게 된다. 이런 경우에는 죽음이 불안해질 수밖에 없다. 이 단계의 덕목은 지혜로서, 죽음을 두려워하지 않으면서 삶 자체에 대해 관조할 수 있는 상태를 말한다.

3장

마음의 상처를 치유하는 심리학

빅터 프랭클

의미치료 – 지옥 같은 세상에서 살아남기

정신과 의사였던 빅터 프랭클은 제2차 세계대전 때 아우슈비츠 수용소에 끌려갔다가 기적적으로 살아난 유대인 중 한 명이다. 프랭클은 아우슈비츠에서의 생활은 의학 교과서가 얼마나 많은 오류를 범하고 있는지 분명하게 보여준다고 말했다. 의학 교과서는 사람이 일정 시간 동안 잠을 못 자면 견딜 수 없다고 주장했지만 아우슈비츠에서의 생활은 그것이 사실이 아니라는 점을 보여주었다. 그리고 아우슈비츠에서 유대인들은 양치질을 할 수 없었을 뿐만 아니라 비타민이 심각하게 결핍되었지만 놀랍게도 그들의 잇몸은 더 건강해졌다. 오히려 그곳 생활에서 가장 고통스러운 것 중 하나는 견디기 힘든 모욕을 받는 것이었다. 독일군들은 유대인들을 '돼지'라고 불렀고 또 돼지처럼 취급했다.

빅터 프랭클 Viktor Frankl 1905~1997

빅터 프랭클은 오스트리아의 정신과의사이자 철학자이다. 그는 빈대학교에 입학하여 신경학과 정신의학을 전공했으며 같은 대학에서 「무의식적 신」이라는 논문으로 철학 박사학위와 의학 박사학위를 취득했다. 그는 제2차 세계대전 중 독일의 나치 강제수용소에서 3년을 보내는데 이러한 경험을 바탕으로 의미치료를 창안하게 된다. 의미치료에서는 환자나 내담자가 삶의 의미와 그는 빈 의과대학의 책임감을 스스로 찾게끔 도와줌으로써 자신의 문제를 해결하도록 돕는다. 신경학 및 심리치료학 교수로 재직했으며 오스트리아 심리의학협회의 회장을 역임했다. 대표작으로는 『죽음의 수용소에서』(1945), 『의미를 향한 소리 없는 절규』(1977), 『삶의 의미를 찾아서』(1988) 등이 있다.

아우슈비츠에서 빅터 프랭클이 가장 견디기 힘들었던 사건은 자신이 평생 동안 모아온 임상 자료를 정리해놓은 출판용 원고를 잃어버린 것이었다. 아우슈비츠에서는 수용자들이 개인적인 소지품을 갖는 것이 허용되지 않았기 때문에 그는 오랫동안 품에 안고 지내던 소중한 원고를 수북하게 쌓여 있는 소지품 더미에 내려놓아야 했다. 그때 그는 선배 입소자에게 통사정을 했지만 되돌아온 것은 욕설뿐이었다.

그는 이 원고를 잃고 나서 처음에는 망연자실하게 넋을 잃은 채 생활했다. 평생의 연구 업적이 일순간에 물거품으로 사라져버렸으니 말이다. 하지만 그는 좌절하지 않고 새로운 희망을 일궈냈다.

당시에 그에게는 아우슈비츠에서 목숨을 연명하는 데 도움을 줄 수 있는 그 어떠한 것도 남아 있지 않았다. 그에게는 자식이 없었다. 그리고 원고와 같은 정신적인 유산조차 남아 있지 않았다. 하지만 몇 시간 동안 계속해서 절망과 사투를 벌이고 또 발진티푸스로 열병을 심하게 앓은 다음에 그는 원고가 인쇄되는지 여부가 자신에게 어떤 의미를 지닐 수 있는지 되물었다. 그 후 그는 원고를 잃은 것을 더 이상 불평하지 않게 되었다. 왜냐하면 원고의 가치는 무조건적인 것이 아니라 조건적인 것이라는 사실을 깨달았기 때문이다. 이러한 깨달음을 얻게 된 다음부터는 어떠한 고통이나 죽음에 대한 두려움도 그의 삶의 의미를 결코 손상시킬 수는 없었다.

아우슈비츠 생활에 견뎌내기 위해 프랭클이 사용한 방법 중 하나는 유머를 적극적으로 활용하는 것이었다. 그는 동료들과 함께 그들이 석방된 뒤 일어날 수 있는 재미있는 일들을 적어도 하나 이상씩

이야기하려고 했다. 예를 들면, 전쟁이 끝난 뒤에 일상생활로 되돌아갔을 때도 아우슈비츠 생활이 얼마나 몸에 철두철미하게 배어 있을 것인지 이야기함으로써 한바탕 웃음꽃을 피워보는 것이다. 프랭클은 이러한 유머가 위기에 처한 사람들이 고통으로부터 자신을 분리시킬 수 있도록 해준다고 생각했다.

또 프랭클은 아우슈비츠가 주는 고통에 무릎 꿇지 않기 위해서 억제(suppression)를 적극적으로 활용했다. 그는 고통스러운 순간에 마치 그러한 고통이 이미 과거에 지나간 사건이며 자신이 전쟁이 끝난 후에 아우슈비츠 경험들을 회상하면서 심리학적인 분석을 하고 있는 것처럼 느끼고자 노력했다. 이처럼 고통스러운 사건을 바라보는 틀을 당사자가 아닌 과학적 분석을 진행하는 학자의 것으로 바꾸는 것은 고통스러운 경험으로부터 심리적인 거리를 유지하는 데 큰 도움을 주었다.

아우슈비츠에서의 생활은 기본적으로 예측이 불가능한 것이었다. 아우슈비츠에서 유대인의 삶은 전적으로 독일군들의 기분이 어떠하냐에 따라 좌지우지되었으며 스스로 자신의 문제들에 관해 결정할 수 있는 경우가 많지 않았다. 특히, 아우슈비츠에서 유대인들의 생과 사가 갈리는 순간은 허무할 정도로 단순했다. 독일군이 그저 손가락으로 유대인을 가리키기만 하더라도 그 유대인은 가스실로 끌려가야만 했던 것이다. 하지만 이러한 상황에서도 프랭클은 자신이 통제할 수 있는 범위에 있는 것들은 예상하고 최대한 대비하면서 생활했다.

아우슈비츠에서 유대인들은 새벽녘에 날카로운 호각 소리가 울려

퍼지면 고단한 몸을 무섭도록 빨아들이는 단잠에서 깨어나 고통스러운 하루 일과를 다시 시작해야 했다. 특히 추운 겨울날에 그들은 잠에서 깨자마자 신발과 한바탕 전쟁을 치러야 했다. 추운 겨울날에 젖은 신발에 발을 넣을 때 전신을 휘감는 냉기는 소름끼칠 정도였다. 이때에는 수용소의 여기저기서 신음소리가 나왔다. 그러한 고통스러운 아침에 프랭클은 주머니에서 조그만 빵 조각을 꺼내 입으로 깨물었다. 그러면 잠시나마 고통에서 벗어나 더할 나위 없는 행복감에 젖어들 수 있었다고 한다. 사실 다음날 아침에 어김없이 찾아올 고통스러운 순간에 더 잘 견뎌내기 위해 전날 밤에 식사 중 일부를 남겨둔다면, 좀 더 잘 버틸 수 있으리라는 것은 머릿속으로는 그 누구라도 떠올릴 수 있다. 하지만 문제는 언제나 굶주림에 허덕이는 상황에서 내일을 기약하기 위해 한 끼 분량도 채 안 되는 식량을 실제로 쪼개서 남겨두기는 정말로 어렵다는 점이다. 하지만 빅터 프랭클은 미래의 고통을 단순히 머릿속으로만 떠올리는 것이 아니라 정서적으로도 실감나게 예상할 수 있었던 것이다. 지옥 같은 아우슈비츠 생활을 견뎌내는 데는 이러한 예상 능력이 결정적인 기여를 했다.

사실 그는 다른 유대인들과는 달리, 자신이 아우슈비츠에서 생활하게 될 것이라고 미리 예상하고 있었다. 왜냐하면 그는 미국으로 이민갈 수 있는 기회가 있었음에도 불구하고 스스로 강제수용소로 가는 길을 선택한 것이기 때문이다. 미국이 제2차 세계대전에 개입하기 직전에 그는 빈에 있는 미국 대사관으로부터 전갈을 받았다. 미국으로의 이민을 허가하는 비자가 나왔으니 받아가라는 것이었다. 당시 그는 나이든 부모님과 함께 살고 있었다. 부모님은 한시라도 빨리 그가 미국으로 떠나기를 바랐다. 하지만 그는 마지막 순간에 망설였다. 목숨이 경각에 달린 상황에서도 망설인 것은 다른 아닌 부모님 때문이었다. 그 당시 상황으로 미루어볼 때, 그가 빈을 떠나기만 하면 부모님은 2~3주 안으로 강제수용소로 보내질 것이 분명했다.

그는 유대인 병원의 신경학과 주임으로 일하고 있던 덕분에 부모님과 가족들을 가혹한 운명으로부터 간신히 보호할 수 있었다. 하지만 그가 떠난다면 그 즉시 남아 있는 가족들은 위험에 빠지게 될 것이었다. 이러한 고민을 밤잠을 못 이루던 어느 날 그는 집으로 돌아갔을 때 탁자 위에 대리석 조각이 놓여 있는 것을 발견했다. 그의 아버지가 유대교 교회당 터에서 주워온 것이었다. 대리석 조각에는 히브리어가 새겨져 있었다. 십계명 중에서 "네 부모를 공경하라"는 구절이었다. 그 구절을 보는 순간에 그는 부모님 곁을 떠나지 않기로 결심했다. 사건이 일종의 신의 계시라고 믿고서 스스로 가시밭길을 걸어가기로 결심한 것이다. 적어도 빅터 프랑클의 삶에서는 아우슈비츠의 고통이 자신도 모르게 주어진 것이 아니라 스스로 선택한 것이었다. 그리고 아우슈비츠에 도착하기 전부터 앞으로 겪을 고난들을 실감나게 예상함으로써 미리 마음의 준비를 갖출 수 있었던 것이다.

아우슈비츠에서의 지옥 같은 생활은 전쟁이 끝난 후에도 프랑클을 악몽처럼 따라다녔다. 하지만 그는 후유증으로 고통 받던 시기에 그보다 더 고통스러웠던 아우슈비츠 시절의 일들을 심리학적으로

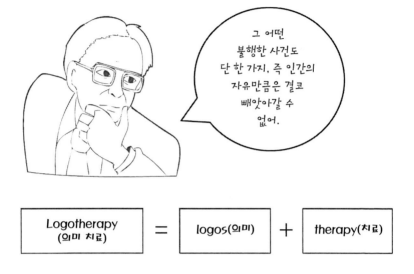

분석한 저서들을 집필했다. 그리고 자신의 경험을 되살려 실존적 의미치료법(logotheraphy)을 창안했다.

프랭클 자신도 수용소에서 살아남을 수 있는 사람은 극소수에 불과하다는 것을 잘 알고 있었다. 하지만 그는 소수의 사례만으로도 우리 삶에서 중요한 결론을 도출해낼 수 있다고 생각했다. 그 결론이란 외부 상황이 인간에게 모든 것을 빼앗아갈 수 있어도 단 한 가지, 즉 주어진 환경에서 자신의 태도를 결정하고 자기 자신의 길을 선택할 수 있는 자유만큼은 결코 빼앗아갈 수 없다는 것이었다.

의미치료법에서는 조건적인 가치를 갖는 일들(세속적인 성공)에서 심리적 좌절을 겪은 사람들이 삶에서 무조건적인 가치를 갖는 일들(삶의 심리적 완성)에 새롭게 눈을 뜰 수 있도록 돕는다. 이처럼 그는 죽음의 수용소에서 있었던 수기를 발표하고 또 그 경험을 심리치료 과정에 창조적으로 적용하는 작업을 통해 내면의 고통을 창조적으로 극복할 수 있었다.

칼 로저스

내담자 중심 치료법 – 치료적 변화를 위한 필요충분조건

칼 로저스는 미국의 심리학자가 수상할 수 있는 영광스러운 상 두 가지, 즉 심리학자의 직업적 활동에 주어지는 상과 심리학자의 과학적 업적에 주어지는 상을 모두 수상한 최초의 인물이었다. 이런 점에서 로저스는 사람이 사랑받고 자라났을 때의 모습이 어떠한지를 심리학적으로 이론화한 사람답게 그 자신 역시 누구보다도 많은 사람으로부터 사랑을 받았다고 할 수 있다.

하지만 자서전에서 밝히길 그는 어린 시절에는 부모와의 관계가 원만하지 않았다고 한다. 그는 청교도적인 분위기의 가정에서 성장했다. 집안 분위기는 매우 엄격하고 종교적이었다고 한다. 그는 부모님이 자신보다 셋째 형을 더 좋아한다고 느꼈다. 그래서 어렸을 때는 자신이 양자가 아닌가 하고 생각한 적도 있을 정도였다.

칼 로저스 Carl R. Rogers 1902~1987

칼 로저스는 인본주의 심리학의 창시자로 내담자 중심 상담 기법을 개발했다. 그의 이론에서는 인간의 행동과 생각은 개인이 세상을 어떻게 지각하는가에 따라 달라지며 개인의 경험과 선택을 통해 비로소 '자기'가 만들어진다고 보고 있다. 칼 로저스는 컬럼비아대학교 사범대학에서 임상심리학으로 석사학위와 박사학위를 취득하고 오하이오 주립대학교, 시카고대학교 그리고 위스콘신대학교에서 교수로 재직했다. 1964년에는 교수직을 사임하고 서부 행동과학연구소와 인간 연구소로 자리를 옮겼다. 미국심리학회 회장을 역임한 바 있다. 주요 저서로는 『카운슬링 심리치료』(1942), 『내담자 중심 치료』(1951), 『존재의 방식』(1980) 등이 있다.

로저스는 처음에 위스콘신대학교의 농학과에 진학했다. 위스콘신대학교를 선택한 것은 부모님과 형제들이 그 대학에서 공부했기 때문이었다. 그는 자신에게 대학을 선택할 수 있는 기회가 없다는 점이 불만이었다. 대학에 진학하자마자, 로저스는 종교모임에 적극적으로 참여했다. 그리고 다른 사람을 배려하고 떠받쳐주는 종교모임의 분위기 속에서는 수줍음을 많이 타는 자신의 성격이 별로 문제가 되지 않는다는 것을 알게 되었다. 그는 이때부터 자신이 농업보다는 신학에 더 큰 관심을 가지고 있다는 사실을 깨달았다. 특히 대학 2학년 때 선교 목적으로 베이징을 방문한 적이 있었는데, 이때 접한 다양한 문화적 체험은 사고의 폭을 넓히는 데 큰 도움을 주었다. 중국에서 선교활동을 하는 동안 그는 부모로부터 해방돼 자유로운 사고와 신앙생활을 즐겼다.

1923년에 로저스는 부모님이 반대에도 불구하고 뉴욕의 유니온 신학대학원에 진학한다. 하지만 로저스의 부모는 그 소식을 듣고 크게 격분했다. 유니온 신학대학원은 근본주의(fundamentalism) 노선에서 벗어나 있었기 때문이다. 그의 부모는 로저스가 만약 근본주의 학풍을 가지고 있는 프린스턴 신학대학원에 진학한다면 결혼을 약속한 헬렌의 학비까지 전액 보조해주겠다는 제안을 했다. 하지만 로저스는 부모님의 그러한 제안이 자신의 영혼을 매수하겠다고 하는 것이나 다름없다며 거절했다.

로저스는 치열한 경쟁을 뚫고서 유니온 신학대학원에서 장학금을 받았다. 그리고 1924년에는 양가 부모님의 반대를 무릅쓰고 결혼을 강행했다. 대학원 재학 중에 로저스는 성행동을 연구하는 심리학자가 연구에 참여할 커플들을 찾고 있다는 소식을 듣고 연구자를 찾아갔다. 연구를 위한 인터뷰를 받으면서 로저스는 처음으로 헬렌이 자신과의 부부관계를 만족스러워하지 않고 있다는 사실을 깨달았다. 이것은 로저스에게는 커다란 충격이었지만 로저스와 헬렌은 성 문제에 관해 진지한 토의를 거듭하는 과정을 통해 둘 사이의 관계를 더욱 더 굳건하게 만들 수 있었다. 이 과정에서 로저스는 신학보다도 심리학에 더 큰 관심을 갖게 되었다.

그 후 로저스는 컬럼비아 대학의 교육대학원으로 전과 신청을 했다. 컬럼비아대학교에서 심리학으로 박사학위를 받은 후에는 로체스터의 아동학대예방센터에서 심리학자로 일하게 됐다. 로체스터에서 로저스가 배운 가장 중요한 교훈 중 하나는 효과적인 상담을 위해서는 상담자가 내담자를 전적으로 리드해 나가려 하기보다는 오히려 내담자에게 어느 정도 의지할 필요가 있다는 사실이었다. 로체스터에서의 상담 경험을 통해 로저스는 정말로 무엇이 문제인지를 잘 알고 있는 것은 치료자가 아니라 바로 내담자 자신이라는 사실을 깨달을 수 있었다.

로저스는 1940년에 오하이오 주립대학의 교수로 부임했다. 그는 이 시기에 로체스터에서의 교훈에 기초해 자신의 독특한 심리치료 이론을 세웠다. 1942년에 출간한 『상담과 심리치료』라는 저서에서 기존의 '지시적 상담'과 대비되는 새로운 치료법으로 제시한 '비지시적 상담'이 그것이다.

로저스에 따르면 지시적인 상담과 비지시적인 상담의 가장 큰 차이는 상담이 진행되는 동안 누가 주도적으로 말을 하느냐에 달려 있

진정한 변화를 위해서는 내담자가 치료의 중심이 되어야 해.

공감 · 무조건적 존중 · 진실성

치료적 관계

치료적 변화

다. 로저스는 『상담과 심리치료』에서 지시적인 상담가는 내담자보다 약 3배 더 말을 많이 하는 반면에 비지시적인 상담가는 내담자의 절반 수준으로만 말을 한다는 연구 결과를 제시했다. 결과적으로 지시적인 상담에서는 내담자가 상담자의 말을 듣게 되지만 비지시적인 상담에서는 내담자가 자신의 이야기를 상담자에게 들려주는 셈이 된다. 어려서부터 권위적인 인물에 반기를 들었던 로저스가 권위적인 상담가를 비판하는 심리치료 이론을 제안한 것은 심리학적으로 보면 승화(sublimation)에 해당된다고 할 수 있다.

로저스는 오하이오 주립대학교의 교수로 재직하는 동안 정신분열병에 준하는 심각한 정신적 혼란을 보이는 여자 내담자를 맡아 상담을 진행한 적이 있었다. 로저스가 나중에 시카고대학교로 자리를 옮기자 이 내담자는 그를 따라서 시카고로 이사를 왔다. 자서전에서 로저스는 그녀가 정신병적인 증상을 나타낼 때마다 자신이 전문적이고 냉정한 태도로 대했던 것 같다고 회고했다. 로저스의 이러한 태도 때문에 그녀는 강렬한 적대감을 품었다. 당시에 로저스는 어떻게 해서든지 그녀를 도와야 한다는 강박관념에 사로잡혀 있었다. 그래서 효과가 없음에도 불구하고 상담치료를 계속 이어갔고 그 과정에서 로저스는 점차 빈껍데기 치료자처럼 변해갔다. 마침내 로저스는 이러다가는 자신의 정신이 붕괴될지도 모른다는 두려움을 느꼈다.

로저스는 자서전에서 이 시기에 자신이 정신분열증에 준하는 수준의 정신적인 혼란을 겪었음에도 불구하고 동료 올리버(Oliver Bown) 덕분에 회복될 수 있었다고 밝혔다. 올리버는 동료인 로저스와 상담하는 것을 전혀 꺼리지 않았을 뿐만 아니라 친밀한 관계를 맺으며 로저스를 치료시켰다. 로저스는 절망 속에서 누군가에게 받아들여지는 경험을 했으며, 그 결과 사랑을 주고 또 받는 것을 이전보다 두려워하지 않을 수 있었다.

로저스가 겪은 이러한 정신적인 위기는 그의 상담이론에도 변화를 가져다주었다. 그는 1951년에 비지시적인 치료법에서 한 걸음 더 나아가 '내담자 중심 치료법(Client-Centered Therapy)'을 제안했다. 로저스는 비지시적인 상담 이론에서 상담자가 내담자의 말에 인내심을 가지고 우호적인 태도로 경청하되, 지적으로 비판적인 태도를 유지해야 한다고 주장했다. 하지만 내담자 중심 치료법에서 로저스는 상담자가 내담자에게 이지적이거나 비판적인 태도를 취하기보다는 정서적으로 온화한 관계를 맺을 수 있도록 노력해야 한다고 주장했다. 왜냐하면 내담자 중심 치료에서 상담자의 핵심적인 역할은 내담자가 상담 과정에서 어떤 내용을 말하더라도 있는 그대로의 모습이 상담자에게 이해받고 또 수용되고 있다는 심리적인 안전감을 느끼도록 하는 것이기 때문이다.

1957년에 로저스는 자신의 상담이론을 집대성한 「치료적인 성격 변화를 위한 필요충분조건」이라는 논문을 발표했다. 이 논문에서 로저스는 타인과 좋은 관계를 유지하기 위한 실천 덕목으로서 세 가지를 제안했다. 첫째, 공감적 이해다. 둘째, 진실성 및 일관성이다. 그리고 마지막으로 무조건적인 긍정적 존중이다. 로저스에 따르면, 이 세 가지 덕목은 다른 사람들과 성공적으로 관계 맺는 데 가장 중요한 비결인 동시에 상담가가 갖추어야 할 기본적인 태도이기도 하다.

조셉 월피

체계적 둔감화 – 실험신경증 고양이 치료하기

조셉 월피는 제2차 세계대전 때 군의관으로 일하며 많은 전쟁신경증 환자들을 접할 수 있었다. 이들은 전투에 참여한 후유증으로 정신과적인 혼란을 나타냈다. 월피는 전쟁 스트레스로 인해 발병한 군인들을 대상으로 정신분석학적인 관점에서 오이디푸스 갈등을 분석하고 다루는 것에 회의감을 품었다. 그러던 중 그는 파블로프의 고전적 조건 형성의 원리에 주목하게 되었다. 그가 보기에 전쟁신경증과 파블로프의 실험신경증은 매우 유사한 특징을 공유하는 듯했다. 월피는 만약 불안 증상이 실험실에서 유도될 수 있는 것이라면 치료 역시 실험적 기법으로 가능할 것이라고 믿었다.

처음에 월피는 고양이를 대상으로 신경증 치료 실험을 진행했다. 평범한 고양이를 실험실로 데리고 와서 자동 경적기 소리를 들려준

조셉 월피 Joseph Wolpe 1915~1997
조셉 월피는 행동치료에 혁명을 일으킨 상호억제적 기법들과 체계적 둔감법(systematic desensitization)을 개발한 것으로 유명한 정신과 의사이자 행동치료자이다. 그는 남아프리카의 위트와테르스란트대학교에서 의학 박사학위를 받았다. 월피는 남아프리카에서 군의관 생활을 했고 이를 통해 오늘날 외상후 스트레스 장애(post traumatic stress disorder, PTSD)로 분류되는 전쟁신경증(war neurosis) 사례를 접하게 됐다. 그 후 그는 스탠포드대학교의 행동과학센터 연구원을 거쳐 버지니아대학교와 템플대학교에서 교수로 재직했다. 주요 저서로는 「상호억제에 기초한 정신치료법」(1958), 「행동치료 기술들」(1966), 「행동치료의 실행」(1969), 「우리들의 무익한 공포들」(1981) 등이 있다.

다음 전기충격을 주는 일을 몇 차례 반복하면 고양이는 실험실 연구원을 보기만 해도 몸을 웅크리고 소리를 지르는 불안 증상을 보였다. 이러한 상황에서 고양이에게 먹이를 주면 고양이는 이틀을 굶주린 후에도 음식을 먹지 않는다. 이것은 고양이에게 실험신경증이 발생했음을 의미한다.

여기서 월피는 만약 고양이가 먹이를 다시 먹도록 만들 수 있다면 불안도 극복할 수 있을 것이라고 가정했다. 이러한 원리를 그는 상호억제(reciprocal inhibition)라고 불렀다. 처음에 월피가 실험 상자 속의 고양이에게 먹이를 줬을 때 신경증 상태의 고양이는 아무런 반응도 보이지 않았다. 다음 날 월피는 실험 상자 밖에 고양이를 두고서 먹이를 주었다. 그러자 고양이는 실험실 구석으로 이동했고 먹이를 먹지는 않았다. 다음 날에 월피는 실험실 옆방으로 고양이를 데리고 가 먹이를 주었다. 그러자 이번에는 주변을 거닐기는 했지만 역시 먹이를 먹지는 않았다. 그 다음 날 월피는 고양이를 옆 건물로 데리고 가 먹이를 주었다. 그러자 고양이는 조심스럽게 방안을 탐색한 뒤 먹이 냄새를 맡고서 게걸스럽게 먹이를 먹어치웠다. 그 다음부터는 실험을 역순으로 진행했다. 먼저 원래의 실험실 옆방으로 데리고 가 먹이를 먹였고 또 그 다음 날에는 실험실로 데리고 가 먹이를 먹였다. 나중에 가서는 고양이가 실험 상자 안에서도 먹이를 먹게 되었다. 심지어는 처음에 실험신경증을 유발하게 만든 경적음이 들린 직후에 먹이를 주더라도 1분도 채 안 되어 먹이로 다가가 먹이를 먹고서 안정을 되찾았다. 이러한 과정이 반복될수록 고양이는 불안 행동을 더 적게 나타냈다. 마침내 월피는 고양이의 실험신경증을 치료

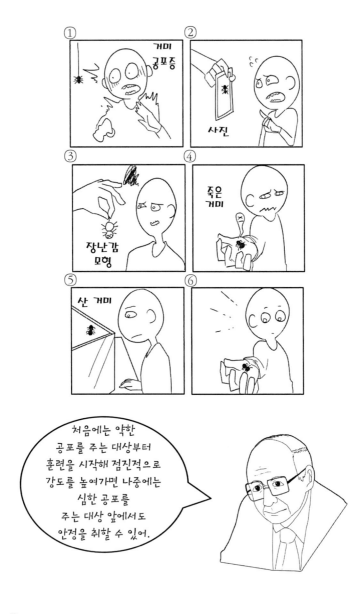

할 수 있었다.

월피는 신경증 고양이를 치료할 때 사용한 원리를 신경증 환자들에게 적용할 수 있는 치료기법을 개발했다. 월피는 주로 공포증을 가진 성인을 대상으로 연구했는데, 환자들이 불안을 억제할 수 있는 '다른 행동'을 하면서 자신이 두려워하던 상황이나 자극에 있는 경험을 반복적으로 하면 궁극적으로 불안을 극복할 수 있음을 발견했다. 물론 이때 몇 가지 조건이 충족되어야 한다.

첫째, 불안과 양립할 수 없는, 그래서 불안을 억제하는 효과가 큰 '다른 행동'을 잘 선택해야 한다. 월피는 자기주장, 성적인 반응, 이완 등 다양한 행동들을 가능한 대안으로 고려했으며 최종적으로 근육이완이 가장 효과적임을 확인했다. 불안은 다양한 신체적 반응(심장박동 증가, 호흡 증가, 동공확대, 근육 긴장 등)을 동반하는데, 근육이완은 훈련을 통하여 조절이 비교적 쉬울 뿐만 아니라 불안의 신체적 반응을 억제하는 효과가 크다. 즉 근육이 이완된 상태로는 불안해지기가 힘들며 따라서 근육이완을 충분히 유도할 수 있다면 불안은 감소할 수밖에 없는 것이다.

둘째, 이완 반응이 불안 반응을 억제하기 위해서는 이완이 불안보다 더 강해야 한다. 따라서 처음에는 낮은 불안 상태에서 이를 충분히 억제할 수 있는 정도의 이완 반응을 유도해야 한다. 만약 불안이 너무 강할 경우 환자는 이완 상태를 유지하기 어려울 것이다. 따라서 치료의 초기에는 가장 낮은 불안 유발 상황에서 시작하여 점진적으로 불안의 정도를 높이는 전략이 필요하다. 치료자는 환자의 문제를 자세히 평가하여 불안의 단계를 정하고 단계적으로 둔감화를 실시하는 것이다.

셋째, 월피의 환자들 중에는 불안의 원인이 특정한 물리적 대상인 것이 아니라 다른 사람들의 비난, 실패에 대한 두려움 등 추상적인 경우가 매우 많았으며, 때로는 물리적 상황이라 하더라도 치료를 위해 그 상황을 반복적으로 만들어내기 어려운 경우도 있었다.(예를 들어 비행기 타기) 이러한 경우에 실제 상황을 직면하도록 하는 것은 무리였다. 그는 환자들이 자기가 두려워하는 상황을 상상하도록 하는 것이 대안이 될 수 있다고 생각했다. 결국 근육이완 훈련으로 이끌어낸 높은 정도의 이완상태와 자신이 두려워하는 상황을 상상으로 경험하는 것을 짝지움으로써 이 문제를 해결할 수 있었다.

물론 환자에 따라서는 상상을 통한 체계적 둔감화만으로 부족한 경우가 있으며 이 경우에는 실제 상황에서의 둔감화가 뒤따라야 한다. 실제로 월피는 환자들에게 병원 치료에서만이 아니라 실제 생활에서도 불안을 유발하는 상황에 스스로를 노출시켜보라고 권장했으며, 이러한 과제는 환자들의 현실에서의 적응력을 높이는 데 도움이 되었다.

체계적 둔감법은 환자가 눈을 감고 이완된 상태에서 실시한다. 처음에는 불안감이 들지 않는 중립적인 장면을 제시하고 상상하도록 하며, 충분히 이완상태로 있을 때 불안 위계표에서 가장 낮은 불안 유발 장면을 상상하도록 지시한다. 점차 단계적으로 불안의 위계 수준을 올려나가며 도중에 불안을 느끼면 중단한다. 잠시 휴식을 가진 뒤 다시 이완을 시작하고 환자는 계속해서 불안의 위계를 올려나간다. 이러한 체계적 둔감법은 공포를 치료하는 데 적절한 기법이지만, 공포의 경우에만 사용되는 것이 아니라, 악몽·신경성 식욕부진·강박관념·충동적 행동·말더듬·우울증 등에도 효과적인 것으로 알려져 있다.

앨버트 엘리스
합리적 정서 치료 – 눈물 없는 심리치료

앨버트 엘리스는 어린 시절 부모에게 방치당했다. 아버지는 떠돌이 영업사원이었고 어머니는 육아에 관심이 전혀 없었다. 자서전에서 엘리스는 자신의 어린 시절 경험이 심리치료사가 되는 데 사실상 아무런 영향도 미치지 않았다고 주장했지만, 비록 근본적인 원인은 부모 때문이 아니었을지라도 그의 유년기 경험은 심리치료가로서 활동하는 데 분명 중요한 계기가 된 것으로 보인다.

그는 학창시절 수줍음이 많았고 심하게 내성적이었다. 그는 학교에서 발표를 하게 될까 봐 불안해서 괴로워했고 발표를 해야 하는 상황에서는 피하기에 급급했다. 그는 20대 초반까지도 수줍음 증상 때문에 이성을 대하는 것을 끔찍하게 기피했다. 하지만 그는 체계적 둔감법을 통해 여성에게 말을 거는 것에 대한 과도한 수줍음 증상을

앨버트 엘리스 Albert Ellis 1913~2007
앨버트 엘리스는 합리적 정서 치료라고 불리는 독자적인 치료방법을 개발하여 인지치료의 발전에 기여한 심리학자다. 그는 자신의 수줍음을 해결하기 위해 이 치료법을 사용했고 나중에 자신의 치료 경험을 바탕으로 「합리적 정서 행동치료: 내게 효과적이므로 당신에게도 효과적일 수 있다」(2004)라는 저서를 집필했다. 그는 컬럼비아대학교에서 임상심리학 박사학위를 취득했으며 뉴욕에서 앨버트 엘리스 연구소를 운영했다. 그 외 주요 저서로는 「사랑의 과학과 기술」(1960), 「성공적인 결혼으로의 가이드」(1961), 「정신요법에서의 이성과 감성」(1962), 「성과 싱글 남성」(1963), 「합리적 정서치료의 핸드북」(1977), 「신경증과 함께 살기」(1979) 등이 있다.

해결할 수 있었다. 엘리스의 표현에 따르면, 그는 문제상황에 대한 합리적 대처 기술을 익힘으로써 세계에서 가장 성공적으로 여성과 어울릴 수 있는 남성이 되었다. 그리고 엘리스 자신의 이러한 직접적인 체험은 나중에 환자를 치료할 때 유용하게 활용할 수 있는 중요한 교훈을 주었다.

이후에 정신분석적 치료를 받고 정신분석 치료자로서 첫걸음을 내딛은 엘리스는 정신분석적 치료 방식에 의문을 갖게 되었다. 어린 시절의 중요한 경험을 기억해내고 그것에 대하여 이야기하면서 일부 통찰을 얻을 수 있었음에도 불구하고, 실제 생활에서는 이러한 통찰이 문제를 해결하는 데 별다른 도움이 안 된다는 점을 깨닫게 된 것이다. 그는 임상 관찰을 통해 환자들이 마음속으로 자기 자신에게 말하는 것과 그들이 느끼는 것 사이에 밀접한 연관이 있다는 사실을 발견하고 이것이 실제 환자들이 겪는 문제의 원인이 된다는 결론을 얻었다.

합리적 정서 치료(Rational-Emotive Therapy, RET)는 인간의 정서적 문제가 사람들이 자기 자신에게 반복적으로 말하는 자기진술들(self-statement)에서 비롯된다고 가정한다. 환자들은 삶에서 어떤 일이 자신이 기대하는 대로 되지 않을 때 매우 비합리적인 자기 진술을 하며, 이는 상황을 재앙에 가깝게 만든다. 예를 들어, 업무 중에 실수를 한 회사원이 "이런 실수를 하다니. 나는 쓸모없는 놈이야"라는 자기 진술을 한다면, 그는 기분이 우울해지고 위축된 행동을 보일 수밖에 없을 것이다. 엘리스는 사람이 이런 형태의 비합리적인 자기진술을 반복하게 된다면 끝내 정서적인 문제를 일으키게 될 것이라고 생각

토마스 쿤의 과학적 사고 모델은 치료 과정에서도 적용될 수 있지. 그래서 합리적 논박 과정이 중요해.

의식

사회적 경험

사회적 필터

개인

무의식

(합리적 논박을 위한 5가지 요인)

했다. 그리고 실제로 그는 자신의 환자들에게서 이러한 모습을 발견할 수 있었다.

엘리스는 환자들의 비합리적인 자기진술 이면에는 비합리적인 신념이 있다고 보았다. 인간은 저마다 행복하고 의미 있는 삶을 위해서 무엇이 필요한가에 대한 암묵적 가정을 가지고 있는데 이러한 가정이 비합리적일 경우 불합리한 자기진술의 형태로 생활에서 정서적 문제를 일으킬 수 있다고 주장했다. 예를 들어 "나는 모든 사람의 사랑을 받아야만 한다"는 비합리적인 신념을 가지고 있고 또 주변사람에게서 그러한 기대를 충족하려 하는 사람은 불가피하게 불안해질 수밖에 없다는 것이다. 마찬가지로 "단 하나의 실수도 용납할 수 없다"는 비합리적인 신념을 가진 사람은 하루에도 여러 번 "실수를 하는 사람은 쓸모없어"라는 자기진술을 할 수 있다. 엘리스는 이런 점에 착안하여 치료의 목적은 환자의 비합리적인 자기진술과 그 기저에 있는 비합리적인 신념들을 찾아서 적극적으로 검토하고 수정하는 것이라고 결론을 내렸다.

엘리스는 치료과정에서 사람들이 흔히 가지고 있는 비합리적 신념들을 나열하고 이를 논박했다. 그는 사람들이 자기 자신과 다른 사람에게 "반드시 무엇을 해야만 한다"는 식의 불합리한 요구를 한다고 강조했다. 사람들은 "이러이러 했으면 좋겠다 또는 이러이러한 것을 원한다"는 표현이 아니라 "반드시 이래야만 한다"는 요구를 삶에 부과함으로써 정서적 스트레스와 행동적 문제를 나타내게 된다는 것이다.

엘리스는 이런 맥락에서 ABC모델을 제안했다. ABC모델은 선행사건(activation event), 행동(behavior), 결과(consequences)의 시간적 순서를 나타내는 것으로서 개인의 행동을 유발시키는 특정한 선행사건과 후속결과는 행동을 지속하게 하는 유지조건(maintaining conditions)이 된다. 단, 어떤 행동의 모든 선행사건과 후속결과가 다 유지조건이 되는 것은 아니다. 비교적 소수의 선행사건과 후속결과만이 행동을 유지시키는데 이들을 각각 유지선행사건과 유지후속결과라고 한다.

선행사건은 선행조건(prerequisites)과 자극통제(stimulus control)로 나눌 수 있다. 이 두 가지는 자연스럽게 나타나기도 하고 행동을 변화시키기 위해 의도적으로 도입되기도 한다. 인간이 어떤 행동을 하기 위해서는 그를 위한 사전 지식과 기술, 그리고 자원을 가지고 있어야 한다. 자극통제는 행동이 일어나도록 하는 상황이나 단서를 말한다. 자극통제에는 '촉진'과 '상황적 조건'의 두 가지 유형이 있다. 촉진은 부모가 자녀에게 저녁을 먹기 전에 "가서 손 씻고 오너라"라고 말하는 것처럼 행동을 하도록 만드는 신호이다. 그리고 상황적 조건은 행동을 유발하는 환경적 조건으로 촉진보다 더 광범위하고 복잡하다.

선행사건은 행동이 일어나게 하는 반면에 후속결과는 그 행동이 다시 일어나게 할 것인가 여부를 결정한다. 일반적으로 행동의 결과가 만족스러우면 그 행동을 다시 할 가능성은 낮다. 후속결과는 행동이 자신이나 다른 사람 혹은 물리적 환경에 미친 결과에 해당되며 즉시 나타날 수도 있고 또 나중에 나타날 수도 있다.

합리적 정서 치료는 문제가 되는 증상이나 행동을 직접적으로 변화시키는 것이 아니라 행동을 유지시키는 조건을 바꿈으로써 문제 행동을 치료하고자 시도한다. 행동을 유지시키는 조건을 변화시키기 위해서는 먼저 행동의 선행사건과 후속결과를 확인할 필요가 있다. 앞서 언급한 것처럼, 행동의 모든 선행사건과 후속결과가 행동을 유지시키는 조건인 것은 아니다. 따라서 합리적 정서 치료에서 상담자와 내담자는 많은 선행사건과 후속결과 중 어떤 것이 현재의 문제 행동에 영향을 주는 것인지 확인하게 된다. 왜냐하면 어떤 것이 유지조건인지 알아야만 문제 행동을 수정할 수 있기 때문이다.

합리적 정서 치료에서 치료자는 환자의 문제를 충분히 파악한 후, 이 치료법의 기본 원리를 환자에게 설명하고 이를 이해하고 받아들이도록 돕는다. 그리고 환자가 자신의 비합리적 자기진술을 보다 합리적인 것으로 대체할 수 있도록 가르치고 설득한다. 이때 어떤 방식으로 설득을 하는지는 치료자에 따라 다를 수 있다. 어떤 치료자는 보다 적극적이고 직접적으로 때로는 다소 거칠게 설득해나갈 수도 있고, 다른 치료자는 새로운 시각과 자기진술을 찾아나가도록 부드럽게 유도해나갈 수도 있다.

엘리스는 심리치료자로서 인지적 기법을 강조하기는 했지만, 동시에 다양한 행동적 기법을 함께 사용했다. 한 예로 그는 환자들에게 실제 생활에서 두려워하는 자극이 있는 상황에 일부러 직면하고 이를 극복해보게 하는 과제를 많이 주었으며 이를 통해 환자들이 자신의 행동적 문제에 대처하는 법을 배우도록 유도했다.

인지치료 – 비합리적이고 역기능적인 사고 고치기

인지치료(Cognitive Therapy)는 1960년대 초에 아론 벡이 제안한 심리치료 기법으로서, 심리적 문제의 원인이 비합리적이고 왜곡된 생각(인지)이라는 가정 하에 잘못된 생각을 바로잡아주는 것을 목표로 삼는 치료법이다. 이러한 인지치료는 다음과 같은 세 가지 기본 가정을 하고 있다. 첫째, 사람들의 행동이나 감정은 어떤 사건이나 상황 자체가 아니라 그것에 대한 자신의 해석(지각, 생각, 인지)에 영향을 받는다. 우리는 어떤 객관적인 사건에 수동적으로 반응하기보다는 능동적으로 해석하고 그 사건에 의미를 부여하며 그에 따라 반응한다는 것이 인지치료의 기본 가정이다. 둘째, 인지는 탐지가능하며 변화시킬 수 있다. 물론 자신의 인지를 탐지하고 인식하는 것이 항시

아론 벡 Aaron T. Beck 1921~

아론 벡은 우울 장애 치료에서 널리 사용되는 이론들의 개척자로서 흔히 인지치료의 아버지로 불린다. 그는 우울과 불안의 자가진단 도구인 벡 우울척도(Beck Depression Inventory, BDI), 벡 무망감척도(Beck Hopelessness Scale), 벡 자살척도(Beck Scale for Suicidal Ideation, BSS), 벡 불안척도(Beck Anxiety Inventory, BAI), 그리고 벡 아동 및 청소년 도구(Beck Youth Inventories)를 제작했다. 브라운대학교를 졸업했으며 예일대학교 의대에서 박사학위를 취득했다. 한국전쟁 동안 군의관으로 일한 바 있으며 현재 펜실베이니아대학교의 정신병리학 명예교수이다. 주요 저서로는 「우울증의 진단과 관리」(1967), 「인지치료와 기분장애들」(1975), 「우울증의 인지치료」(1979), 「인지치료의 통합적 힘」(1998), 「성격장애들의 인지치료」(2003), 「정신분열병: 인지치료, 연구, 치료」(2008), 「불안장애들의 인지치료: 과학과 치료」(2010) 등이 있다.

쉬운 일은 아니지만 기본적으로 우리는 사건에 대한 자신의 해석을 탐지해낼 수 있다고 가정한다. 셋째, 정서적 및 행동적 장애는 왜곡된 인지(비합리적 신념, 잘못된 생각)에 의해 발생한다. 따라서 심리치료는 환자의 왜곡된 인지를 찾아내 보다 합리적인 인지로 변화시키는 것이 핵심이다.

벡의 이론에서 가장 핵심적인 개념은 자동적 사고이다. 그가 자동적 사고를 알게 된 계기는 다음과 같은 경험을 통해서이다. 1959년의 어느 날, 그는 한 우울한 젊은 남자를 치료하고 있었다. 자유연상을 하는 동안, 환자는 화를 내면서 벡을 비난하기 시작했다. 그래서 벡은 환자에게 어떤 감정을 느끼고 있느냐고 물었다. 그러자 환자는 "죄책감을 느낀다"고 말했는데, 그 이유는 벡에게 소리치며 화를 내는 동시에 "내가 이런 말을 해서는 안 되는데. 그를 비난하는 것은 잘못이야. 나는 나쁜 사람이야. 그는 나를 좋아하지 않을 거야"와 같은 자기비판적인 생각이 들었기 때문이었다. 벡은 그 환자가 언어로 표현한 생각에 이은 이러한 두번째 흐름의 사고가 분노표출과 죄책감 사이의 연결고리 역할을 했다고 믿었다. 이후에 벡은 이러한 형태의 내면적 독백을 다른 환자들도 하는지 조사했으며 나중에 그러한 생각의 흐름을 자동적 사고라고 명명했다.

많은 자동적 사고에 바탕이 되는 자신에 대한 중심적 생각을 핵심신념(core belief)이라고 한다. 이러한 핵심신념은 무조건적이고 오랫동안 지속되어오면서 사람들의 삶의 많은 부분을 지배해온 신념이라고 할 수 있다. 예를 들면, "나는 사랑받을 가치가 없는 아이야" 혹은 "나는 결국 누구에게나 버림받게 될 거야" 등과 같은 생각들이 이에 해당한다.

일반적으로 사람들은 살아가면서 자기 나름대로 자기와 세상을 이해하는 틀을 발달시키게 되는데 이를 인지도식이라고 부른다. 사람들은 누구나 세상은 어떤 곳인지, 자신은 어떤 사람인지, 인생에는 어떤 의미가 담겨 있는지, 그리고 다른 사람들과 어떤 관계를 유지해야 하는지 등에 관한 지식들을 차곡차곡 쌓아나간다. 이처럼 세상에 대한 지식들이 아주 어린 시절부터 시작해 살아가는 동안 쌓이면서 하나의 체계화된 덩어리를 이루게 될 때 비로소 인지도식이 형성된다.

인지치료에서 도식은 핵심 신념을 수반하는 '정신 내의 인지 구조'로 정의된다. 벡은 도식을 정보처리와 행동을 지배하는 구체적 규칙으로 보았다. 도식은 '인지의 세 구성 요소'인 자신, 세계, 미래를 보는 개인 특유의 습관적인 방식을 말한다. 벡은 도식을 다루는 것이 인지치료 과정에서의 핵심이라고 보았다.

역기능적 인지도식은 개인의 인지도식의 내용이 부정적인 경우로서 내담자의 기본적인 생각의 틀과 그 내용이 현실 적응에 도움이 되지 않는 것을 말한다. 예를 들면, '사람은 멋있게 생기고 똑똑하고 돈이 많지 않으면 행복하기 어렵다' 혹은 '다른 사람의 사랑 없이는 나는 결코 행복해질 수 없다' 또는 '다른 사람에게 도움을 요청하는 것은 나약함의 표시이다'와 같은 표현들이 여기에 해당한다.

일반적으로 부적응적인 사고(maladaptive thoughts)는 정확하고 논리적이며 현실적인 것처럼 보인다. 그러나 이러한 생각에 집착하면 부정적 기분, 행동 기능상의 장애, 상황에 대한 생산적 사고의 저해, 비

합리적인 신념의 강화 등이 초래될 수 있다. 즉, 이러한 생각은 부적
응적, 비생산적, 역기능적인 생각이며, 따라서 실제로는 아무런 도
움도 되지 않는다.

이러한 부적응적 사고의 예를 몇 가지 소개하자면 다음과 같다.
첫째, 내 결점을 나 스스로 비판하지 않으면 평범한 인간이 되고 말
것이라는 식의 자기비판(Self-criticism)이다. 둘째, 실수를 한 과거 상
황을 되새기며 "나는 그때 달리 행동해야 했어"라고 말하는 반추
(Rumination)다. 셋째, 완벽하게 할 수 없다면, 아예 시작도 하지 않는
것이 더 낫다고 믿는 흑백논리(All-or-nothing thinking)다. 넷째, 어떤 일

에 실패하면 결코 행복하게 살 수 없다고 믿는 식으로 생각을 안 좋은 쪽으로만 몰고가는 재앙화(Catastrophizing)다. 다섯째, 자신이 실수를 한다는 것은 있을 수 없는 일이라고 믿는 당위적 사고다.

인지치료의 첫 단계는 환자가 문제 상황에서 순간순간 스쳐 지나가는 자동적 사고에 주의를 기울이고, 이를 포착하여 식별할 수 있도록 가르치는 것이다. 그리고 환자가 인지치료의 기본 원리를 이해하도록 교육한다. 환자의 생각이 치료자가 보기에는 비합리적이고 비현실적인 것으로 보일지라도, 환자 본인에게는 합리적이고 현실적인 사고일 수 있다. 따라서 치료자가 할 일은 환자가 지닌 사고의 비합리성을 지적하고 긍정적인 대안적 사고의 타당성을 '강의'하는 것이 아니라, 환자가 스스로의 경험과 이성에 의거해서 사고의 타당성과 유용성을 평가하고 수정할 수 있도록 돕는 것이다. 흔히 협력적 경험주의(collaborative empiricism)로 불리는 이러한 치료자-환자 관계는 인지치료의 중요한 특징 중 하나이다.

윌리엄 글래서
현실치료 – 스트레스의 패러독스

정신과의사인 윌리엄 글래서는 정신과 수련의 과정과 전문의 과정을 밟는 동안 전통적인 정신분석치료의 이론과 기법, 그리고 효과에 불만을 가지게 되었다. 그는 그 대안으로 선택이론에 기반한 현실치료를 제안했다.

현실치료에서는 과거를 중시하는 전통적인 상담치료 방법과는 달리, 내담자의 '행동'과 '지금', 그리고 '책임'을 강조하는 행동수정기법의 한 가지 형태로서 내담자의 현재 행동에 초점을 맞춘다. 현실치료에서는 내담자를 정신과적 진단 분류에 기초해 구분하지 않으며 다만 내담자에게 자신이 선택한 행동(마치 미친 행동이거나 범죄일지라도)에 책임을 지도록 한다.

글래서는 개인적 책임의 수용을 강조하면서 현재 행동에 초점을

윌리엄 글래서 William Glasser 1925~
윌리엄 글래서는 선택이론의 창시자로 미국의 정신과의사이다. 그는 정신과 수련 중에 전통적인 정신분석적 치료의 비효율성을 개선하기 위해 '현실치료'를 창안했다. 현실치료에서는 자신의 욕망과 욕구를 정직하게 검토한 후 개인의 선택 과정 및 선택에 따른 책임을 강조한다. 그는 케이스 웨스턴 리저브 대학 의예과를 졸업한 후 로스엔젤레스 재향군인 병원에서 정신과 수련을 마쳤다. 1967년부터 현실치료 연구소를 만들었으며 다양한 사회 현장에서 정신과 의사로 활동했다. 주요 저서로는 『정신 건강 혹은 정신병 실무를 위한 정신의학』(1962), 『현실치료』(1965), 『정체성 사회』(1972), 『긍정적 중독』(1975), 『통제이론』(1985), 『질적 학교』(1990), 『선택이론』(1997) 등이 있다.

맞추었는데 이러한 책임에 대한 수용능력을 정신건강의 중요한 지표로 간주한다. 즉 인간은 누구나 자기 삶의 주인이 되어 자신의 삶을 통제할 수 있을 때 행복감을 경험하게 된다는 것이다.

글래서에 따르면, 자신의 삶에서 중요한 선택을 스스로 할 수 있고 또 자신이 선택한 것에 대해 책임질 수 있는 사람이 행복한 사람이다. 글래서는 누구든지 선택이론(Choice theory)과 현실치료(Reality Therapy)를 이해함으로써 의식 있고 책임 있는 한 인간이 될 수 있고, 자기 운명의 주인이 되는 동시에 자신의 삶을 바꾸는 힘을 가질 수 있다고 강조했다.

선택이론에 따르면, 사람들이 경험하는 스트레스에는 패러독스가 있다. 사람들은 그 누구도 스트레스를 받는 것을 좋아하지 않지만, 기묘하게도 스트레스로 고통 받는 사람들은 예외 없이 스스로 스트레스 받는 길을 선택하는 경향이 있다. 이것이 바로 스트레스의 패러독스인 것이다. 따라서 스트레스에서 벗어나고자 하는 사람은, 자신의 스트레스가 불가항력적인 것이 아니며 단지 스스로 선택한 행동에 불과하다는 것을 깨달을 필요가 있다.

어느 남학생이 최근에 실연(失戀)을 하고 난 다음에, 좌절감에 휩싸여 식욕도 없고 잠을 못 이루며 무기력한 생활을 하는 등 스트레스 관련 증상을 나타내고 있다고 가정해보자. 언뜻 생각하기에, 그 남학생이 실연 때문에 스트레스를 받는 것은 본인 스스로 원하지는 않지만 불가피한 일인 것처럼 보일 수 있다. 그런 스트레스를 받는 것을 스스로 원하는 사람은 없을 테니 말이다. 하지만 만약 그 남학생이 자신의 스트레스 증상이 심리학적으로 어떤 의미를 가지고 있

스트레스에는 패러독스가 존재해. 사람들은 스트레스 받는 것을 원치 않는 듯 보이지만 사실은 스스로 스트레스를 선택하지.

선택으로 인한 스트레스

현실

선택에 따른 책임

현실치료에서는 선택에 따른 스트레스와 책임 간 균형을 강조

는지를 깨닫는다면, 자신의 스트레스가 본인의 의지와 완전히 동떨어져 있는 것이 아니라, 스스로 선택한 것일 수도 있다는 점을 이해할 수 있을 것이다. 그렇다면 그 남학생은 왜 가시밭길을 스스로 선택한 것일까?

첫째, 다른 사람들이 자신을 돕도록 만들기 위해서다. 남학생은 실연을 당한 다음에 동정심을 불러일으킬 수 있는 방법으로서 스트레스 증상을 나타내기로 선택한 것일 수 있다. 이런 점에서 그가 보이는 스트레스 증상은 가족이나 친구 등의 주변 사람들에게 어서 위로해달라고 보내는 구조신호일 수 있다.

둘째, 적극적인 대안을 찾는 데 어려움을 겪고 있는 자신의 모습을 변명하기 위해서다. 때때로 사람들은 두려운 상황에 직면하는 것을 회피하는 수단으로 스트레스 증상을 선택하기도 한다. 여자친구가 떠나가고서 남학생은 또 다른 상대를 찾기 위한 시도를 해볼 수 있을 것이다. 하지만 이전의 여자친구만 한 상대를 찾기가 쉽지 않으리라는 생각 때문에 두려울 수 있다. 또 그러한 시도를 하다가 또다시 거절을 당하게 된다면 지금보다도 더 큰 상처를 받을까 봐 불안해할 수도 있다. 이러한 심리적인 두려움 때문에 스스로 스트레스 증상을 선택함으로써 자신을 보호하고자 시도하는 것일 수 있다.

셋째, 다른 사람들을 자신의 뜻대로 움직이기 위해서다. 남학생이 스트레스 증상을 나타내는 것은 떠나간 여자친구에게 심한 죄책감을 유발할 수 있다. 또 그에게 여자친구를 소개시켜준 사람은 남학생이 겪는 스트레스 증상을 보며 또 다른 사람을 소개시켜줘야겠다는 압박감을 받게 될 수도 있다.

넷째, 통제된 조건에서 화를 내기 위해서다. 애인이 떠나갔을 때 사람들은 보통 처음에는 심한 분노를 표출하게 된다. 하지만 이렇게 화를 내는 사람들은 곧이어 자신이 적개심을 드러내는 것이 사태를 더욱 악화될 수 있다는 사실을 깨닫는다. 계속해서 지나치게 폭력적으로 행동할 경우, 심한 경우에는 사회적으로 물의를 일으킬 위험성도 있기 때문이다. 따라서 부지불식간에 자신이 분노를 지나치게 표출하지 않도록 스스로 통제하려는 노력을 기울이게 된다. 그 결과 타인에게 파괴적인 행동을 할 위험성을 줄이려고 수면장애, 식욕부진, 활력의 저하, 무기력감 등의 각종 스트레스 관련 증상을 스스로 선택할 수 있다. 이처럼 스트레스 증상을 스스로 선택하는 것은 만족스러운 적응과는 거리가 먼 일이다. 하지만 최소한 이러한 방법은 최악의 선택, 예컨대 신나 통을 들고 여자친구 집을 찾아가는 등의 폭력적인 행동이 나타나지 않도록 막아줄 수 있다.

이러한 네 가지 이유들이 바로 사람들이 흔히 스트레스 증상을 스스로 선택하는 근본적인 원인이라 할 수 있다. 사람들은 자신들이 이러한 이유 때문에 스트레스 증상을 스스로 선택한다는 사실을 잘 깨닫지는 못하지만 분명히 사람들은 그렇게 선택하고 있다.

어떤 의미에서 일련의 스트레스 증상들은 사람들이 지나치게 오랫동안 빠져 있지만 않는다면 일시적으로 정신적인 위기를 견뎌낼 수 있도록 해주는 유용한 방법일 수도 있다. 하지만 스트레스 증상을 선택하는 것은 문제를 해결하는 최선의 방법이 아니다. 왜냐하면 그러한 스트레스가 장기간 지속될 경우 암, 류마티스성 질환, 고혈압, 당뇨, 소화기 장애, 두통 등의 스트레스성 질환으로 인해 더 큰 고통을 겪게 될 뿐만 아니라 잘못하면 생명을 잃을 수도 있기 때문이다.

프리츠 펄스

게슈탈트 심리치료 – 여기 그리고 지금에 집중함으로써 적응하기

게슈탈트 심리치료는 프리츠 펄스와 그의 부인인 로라 펄스가 공동으로 창시한 심리치료 기법이다. 게슈탈트 접근에서는 내담자를 가장 잘 이해할 수 있는 것은 바로 그 자신이라고 가정한다. 이 접근에서는 주로 현재 내담자가 이 세상 및 그 자신에 대해서 어떻게 지각하고 느끼며 사고하는가에 초점을 맞춘다.

게슈탈트 심리치료에서는 사람이 자신의 욕구를 지각하는 방식을 전경과 배경의 순차적인 교체로 설명한다. 만약에 누군가가 작업을 하다가 배고픔을 느낀다면, 이때 작업하던 일은 배경으로 가게되고 식욕이 전경으로 떠오르게 된다. 건강한 경우, 전경과 배경의 이러한 교체는 원활하게 이루어진다. 하지만 전경에 떠오른 한 욕구가 해결되지 못하고 그대로 남아 있게 되면 욕구의 오버랩이 일어나

프리츠 펄스 Fritz S. Perls 1893~1970

프리츠 펄스는 베를린의 중·하층 유태계 가정에서 출생했다. 그는 학창시절에 처음 7년 동안 2번을 낙제했고 결국 퇴학을 당했다. 이러한 점 때문에 그는 스스로를 부모에게 폐를 끼치는 아이로 자라났다고 소개하기도 했다. 하지만 그는 계속 공부를 하여 오스트리아 빈에서 정신과 전문의 자격과 의학 박사학위를 받았다. 그는 1926년 뇌손상 군인들을 연구하는 골드슈타인 연구소에 조교로 일하기 위해 갔는데 여기에서 아내 로라를 만났으며, 부부가 함께 게슈탈트 심리치료를 창시하다. 펄스는 실존주의 신학자인 마르틴 부버(Martin Buber) 및 폴 틸리히(Paul Tillich)와 만났고 그들의 영향을 받았다. 펄스는 1940년 남아프리카 연방 요하네스버그에 정신분석 연구소를 설립했으며 1946년 미국 뉴욕으로 와서 '뉴욕 게스탈트 치료연구소'를 중심으로 활동했다.

다른 욕구가 전경으로 떠올라서 배경으로 사라지는 자연스런 교체 과정을 방해하게 되는데, 이런 해결되지 않은 욕구를 미해결된 과제(unfinished business)라고 부른다. 미해결된 과제는 하고 싶어도 할 수 없었던 것 그리고 말하고 싶어도 말할 수 없었던 것 등이 마음 한 귀퉁이에 항상 걸려 있는 것을 말한다. 이러한 미해결된 과제는 원망·분노·증오·고통·불안·슬픔·죄의식·포기 등과 같은 억압된 감정이 동반되는 형태로 나타난다. 한국인의 주요한 특성으로 거론되는 '한(恨)의 정서' 역시 이러한 관점에서 바라볼 수 있다.

게슈탈트 심리치료에서 치료의 주목표는 내담자가 보다 자신의 욕구를 잘 알아차리고 현실 사회에서 적절하게 해소하는 자연스런 삶을 살도록 돕는 것이다. 이러한 것은 어찌 들으면 매우 쉬운 일로 보일 수도 있지만 너무나도 사회화가 잘 돼 있는 우리들은 때때로 자신의 욕구를 갖가지 이유를 들어 억압하려 한다. 바로 게슈탈트 심리학은 개인의 인식을 막아서고 또 개인의 성장을 방해하는 이러한 사회적 왜곡으로부터 개인을 자유롭게 하고자 한다. 다시 말해 단지 사회에 '적응'하는 것이 아니라 적응의 좁은 한계를 넘어서 개인을 성장시키는 것이 치료의 주된 목표인 것이다.

게슈탈트 심리치료는 실존주의 및 인간중심치료 등과 더불어 현상학적 기초 위에서 성립된 이론이며 내담자로 하여금 삶의 중심이 바로 그 자신 내부에 있다는 것을 스스로 깨닫도록 돕고자 하는 상담기법이다. 게슈탈트 심리치료에서는 경험에 대한 왜곡 없는 지각을 강조하는데, 갈등상태에 있어서 잘 통합되지 못한 감정을 통합하기 위해 여러 가지 기법을 사용한다. 이러한 접근에서는 내담자에게 자신의 혼란스런 감정에 대한 책임을 그 자신이 회피하고 있다는 사실을 직면시키는 것에 강조점을 둔다.

게슈탈트 심리치료에서는 개인의 성숙과 성장을 추구한다. 펄스는 심리치료를 통한 성격 변화의 단계를 5개의 심리적 지층(five layers)의 개념을 활용해 비유적으로 설명했다.

첫째, 허위층(phony layer)이다. 이 층에서는 자신의 참된 모습을 볼 수 없다. 이 층에 머물 경우, 상대나 환경을 조작하면서 본래 자신의 것인 여러 가지 특질을 스스로 포기하게 된다. 그리고 그와 동시에 무기력감을 경험한다. 진실한 마음을 가지고 자신을 표현하기보다는 상투적으로 대하는 거짓된 모습을 보이며 타인이나 자신이 만들어낸 환상을 위해 살려고 하며 타인과는 피상적으로만 만난다.

둘째, 공포층(phobic layer)이다. 이 층에서는 자신이 정말로 바라고 있는 행동을 할 경우 파국적인 결과가 나올까 봐 두려워해서, 새롭고 도전적인 행동을 하는 것을 피한다. 이 층에 머물게 될 경우, 자신의 고유한 모습으로 살기보다는 부모나 주위환경의 기대에 따라 살아가려는 모습을 보인다. 경우에 따라 모범생, 지도자, 구세주, 협조자, 중재자 등의 인상을 주는 행동을 보일 수 있다.

셋째, 난국층(impasse layer)이다. 이 층에서는 행동을 할 수 없는 상태에 빠진다. 자신의 욕구를 나타내고자 하지만 불안감 속에서 안절부절하는 모습을 보인다. 자립 시도와 공포 체험을 교차적으로 경험하는 실존적 딜레마 속에서 허우적거리게 된다.

넷째, 내파층(implosive layer)이다. 이 층에서는 지금까지 자신이 얼마나 쓸데없는 자기규제를 해왔는가를 반성하고 자책하게 된다. 이

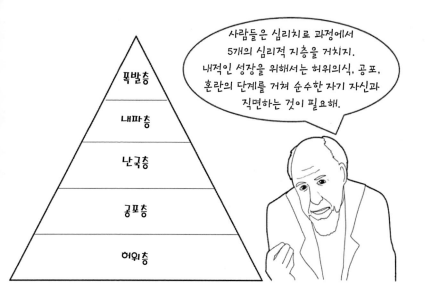

사람들은 심리치료 과정에서 5개의 심리적 지층을 거치지. 내적인 성장을 위해서는 허위의식, 공포, 혼란의 단계를 거쳐 순수한 자기 자신과 직면하는 것이 필요해.

폭발층

내파층

난국층

공포층

허위층

단계에 접어들면서부터 비로소 새로운 행동을 취해보려는 마음을 갖게 되며 순수한 자기(authentic self)로 거듭나기 위한 노력을 하게 된다. 이 층에서부터 방어적인 태도를 벗어던져버리고 순수한 자기 모습과의 접촉을 시작한다. 그렇지만 자신의 욕구를 인식하지만 억압하는 상태로 살거나 타인에게 분노를 느껴도 그대로 표현하는 대신 책임을 자신에게 돌리게 된다.

마지막으로 폭발층(explosive layer)이다. 이 층에서는 지금까지 활용하지 않았던 에너지가 발산되면서 내적인 힘이 성장하고 생생한 자신의 모습을 되찾게 된다. 이 층에 접어들면서 비로소 진정한 내적 성장을 이룰 수 있게 된다.

게슈탈트 심리치료에서 강조하는 핵심적인 원칙 중 하나는 바로 '지금 그리고 여기'이다. 과거는 지나가버린 것이며 미래는 아직 오지 않은 것이다. 따라서 게슈탈트 심리치료에서는 '지금' 이외의 세계는 존재하지 않는다고 주장하면서 '지금 그리고 여기'에 충실한 삶을 사는 것이 중요하다고 역설한다. 이런 점에서 게슈탈트 심리치료의 구체적인 과정은 모두 현재의 자기 자신과 치료자 간 관계에 초점을 맞추도록 구성된다. 이것은 과거의 관계가 현재의 관계에 몰입하는 것을 방해하는 것을 막아주며 동시에 치료 과정에서 내담자가 순수한 만남을 체험할 수 있도록 도와준다.

개인차와 심리검사

알프레드 비네

지능지수 – 학업적 성취수준을 예측해줄 수 있는 최고의 도구

최초의 지적 능력에 대한 검사는 3000여 년 전 중국의 공무원 시험이라고 할 수 있다. 근대에 들어서는 1800년대 말 골턴(Francis Galton)이 인체측정학 연구를 하면서 시도하기도 했다. 현대 지능검사의 실질적인 효시에 해당되는 측정도구는 1905년 프랑스의 알프레드 비네가 개발했다.

비네는 신뢰도가 높은 전문적 지능검사를 최초로 개발했다. 그는 지적인 과제의 수행이 연령과 함께 향상된다면 인간의 복잡한 인지기능을 객관적으로 평가하는 것이 가능하다고 믿었다. 일반적으로 지적인 과제들은 나이를 좀 더 먹은 아동들이 어린 아동들보다 더 잘하는데, 그렇다면 자기 또래보다 잘하는 아이는 정신적 연령이 높은 것으로, 다시 말해 상대적으로 지능이 더 높은 것으로 볼 수 있다

알프레드 비네 Alfred Binet 1857~1911

알프레드 비네는 처음에 법률을 공부했으나 나중에 정신의학자 샤르코 문하에서 의학 심리학을 배우면서 그것이 계기가 되어 점차 심리학 연구에 몰두했다. 처음에는 이상심리학 관련 연구를 수행했으나 나중에 정상인에 대한 심리학적 연구로 주제를 전환했다. 1890년대부터 장기간에 걸친 아동 연구들을 수행했는데 1905년에는 정부의 요청에 따라 의사 시몽(T. Simon)과 공동으로 정신지체아를 선별하기 위한 심리검사도구를 개발했다. 이것이 바로 '비네-시몽 검사'이며 오늘날 시행되는 개인용 지능검사의 효시에 해당된다. 주요 저서로는 『지능의 실험적 연구』(1905)가 있다.

신체 연령에서 기대되는 수준에 비해 실제 정신적 기능 수준이 얼마나 높은지를 비교하면 그 사람의 일반적인 정신능력에 대한 지표를 구할 수 있어.

지능지수(IQ) = (정신연령/신체연령) X 100

고 가정했다. 이러한 생각은 현대 지능 이론가들도 공유하고 있다.

최초의 비네검사는 개발되고 나서 약 3년간 정상적인 아동들의 학교성적을 예측하는 데 주로 사용되었다. 연령별로 집단의 평균점수를 계산했고 지능검사 점수에 기초해 아동들에게 정신연령을 부여했다. 예를 들면, 어떤 아동의 점수가 특정집단의 평균점수에 해당하면 그 집단의 평균연령이 바로 그 아동의 정신연령으로 되는 것이다. 비네는 처음에 정신연령이 신체연령보다 2년 이상 낮은 아동들을 정신지체 아동으로 정의했다.

그러나 비네검사에서 가정하고 있는 것과는 달리, 신체연령 11세에서 정신연령이 9세인 아동이 신체연령 6세에서 정신연령이 4세인 아동과 정신지체가 동일하게 나타난다고 보기는 어렵다. 따라서 비네검사에서 사용하는 방식을 모든 연령대의 아동들에게 획일적으로 적용하는 것은 문제가 있었다. 이러한 난점을 해결하기 위해 나중에 또래집단과 비교해서 아동들의 지체와 우월성 수준을 평가하는 방법이 개발됐다. 이것이 바로 현대 지능검사에서 사용하는 IQ 계산방식이다. 이러한 방식에서는 검사를 받은 사람과 동일한 수준의 연령집단을 기초로 하여 IQ 점수가 산출되는데 일반적으로 평균이 100이고 표준편차가 15인 표준점수로 표시된다. 이러한 점수들은 개인의 점수가 자신의 연령집단 평균으로부터 얼마나 큰 편차가 있는지를 알려주기 때문에 편차점수 IQ라고 한다. 현재 대부분의 지능검사는 이러한 편차점수 IQ를 사용한다.

오늘날 지능검사에는 여러 가지 형태가 있다. 어떤 지능검사는 개인적으로 실시하고 또 집단으로 모아놓고 실시할 수 있는 것도 있다. 또한 지능검사에는 언어적으로 된 부분과 실제 과제를 수행하도록 하는 부분이 있는데 전자를 언어성 검사, 후자를 동작성 검사로 부른다.

심리학자들은 개인의 지능을 측정할 때, 한 사람에게 일대일로 검사를 실시하는 것을 선호하는데 이런 방식을 개인지능검사라고 한다. 개인지능검사는 개인의 지능에 관한 표준적인 정보를 제공할 뿐 아니라 그 개인의 행동에 대한 풍부한 표본을 제공한다. 이러한 정보는 정신장애 혹은 영재처럼 특수교육이 필요한 아동을 선별하는 데 널리 활용된다. 오늘날 널리 쓰이는 개인지능검사 중에는 비네검사 계열과 웩슬러(Wechsler)검사 계열이 있다.

비네의 개인용 지능검사는 여러 나라에서 번역해 사용하면서 수정을 거쳤다. 그중에서 가장 유명한 것이 미국 스탠포드대학교에서 개발한 스탠포드-비네검사이다. 이것은 정신연령의 개념을 체계적으로 적용한 최초의 검사이다. 스탠포드-비네검사는 계속 개정되어 현재는 5판까지 출판된 상태이다. 우리나라에서도 고려대학교에서 비네검사를 표준화했다.

비네검사 계열과는 달리, 웩슬러검사 계열에서는 편차점수 IQ를 주로 사용한다. 1930년대에 웩슬러(David Wechsler)는 스탠포드-비네검사가 주로 언어성 검사로 이루어져 있고 성인용 검사로 사용하기 어려운 점에 불만이 있었다. 그래서 그는 언어성 능력과 동작성 능력을 모두 측정할 수 있으며 성인에게도 사용할 수 있는 검사를 개발했다. 웩슬러검사 계열에는 성인용, 아동용, 그리고 유아용이 있다. 현재 국내에도 이들을 번안한 검사가 상용화되어 있다.

웩슬러 검사는 언어성 소검사와 동작성 소검사의 두 부분으로 구성되어 있으며 상식, 공통성, 산수, 어휘, 이해, 빠진 곳 찾기, 기호쓰기, 차례 맞추기, 토막 짜기, 모양 맞추기 등 10가지의 기본 검사와 3가지의 보충검사로 이루어져 있다. 이 각각의 검사들이 결합되어 언어성 IQ점수나 동작성 IQ점수를 측정하며, 그리고 이 둘을 합쳐서 전체 IQ점수도 제시된다. 지능검사 점수는 현존하는 어떤 심리학적인 요인보다 학업성취와 사회적인 성공을 가장 잘 예측해준다. 단, 개인지능검사 점수를 이용하는 경우에 한해서만 그렇다.

다면적 인성검사 MMPI – 세계에서 가장 널리 활용되는 성격검사

다면적 인성검사(MMPI)는 1940년대 미국 미네소타대학교의 심리학자인 스타크 해서웨이와 정신과 의사인 저비언 맥킨리가 공동으로 비정상적인 행동을 객관적으로 측정하기 위한 도구로 개발했다. 개발 당시 MMPI의 일차적인 목적은 정신과적 진단분류를 진행하는 것이었다.

처음에 MMPI 척도는 경험적 접근방식에 따라 문항이 분석되고 구성되었다. 즉 검사제작자의 이론에 근거해서 문항이 선택된 것이 아니고 정신장애군과 정상성인군을 변별해주는 문항들의 통계적 결과에 근거해서 문항을 선정한 것이다. 이처럼 MMPI는 '집단간 비교방식'으로 주요 임상척도들이 구성되었기 때문에 이러한 임상척도들은 주로 피검자들이 지니고 있는 우울증, 신체화 증상, 반사회

스타크 해서웨이 Starke R. Hathaway 1903~1984
저비언 맥킨리 J. C. McKinley 1891~1950
해서웨이와 맥킨리는 1937~1940년에 제작된 미네소타 다면적 인성검사(Minnesota Multiphasic Personality Inventory, MMPI)의 공동 제작자이다. 스타크 해서웨이는 미네소타대학교에서 심리학 및 해부학 박사학위를 받았으며 같은 대학교에서 교수로 재직했다. 그의 초기 연구는 신경생리학 분야였으며 주요저서로는 『MMPI 메뉴얼』(1940)이 있다. 저비언 맥킨리는 미네소타대학교에서 박사학위를 받은 후 신경생리학과 교수를 역임했다. 그는 주로 향신경성 바이러스 질병과 근전계 관련 연구를 수행했다.

성, 정신분열병, 조증과 같은 임상적인 증상들을 평가하는 목적으로 활용되었다.

MMPI는 임상진단용 도구로 개발되었기 때문에 처음 사용하기 시작했을 때 연구자들은 MMPI의 어떤 단일 척도에서 점수가 높게 나오는 것이 특정한 정신장애를 나타내는 것이라고 믿었다. 예를 들면, 우울증환자는 우울증 척도에서 높은 점수를 보이고 정신분열증 척도에서는 높은 점수를 보이지 않을 것이라고 생각한 것이다. 그러나 얼마 지나지 않아 MMPI가 검사자가 어떤 정신장애에 시달리는지 구별하는 데 좋은 도구가 아니라는 점이 밝혀졌다. 왜냐하면 어떤 하나의 척도에서 높은 점수를 보이는 정신과 환자들이 또 다른 척도에서도 높은 점수를 나타내는 경향이 있었고, 또 어떤 정신과 환자의 경우는 예상되는 척도가 아니라 전혀 예상치 않은 척도에서 높은 점수를 기록하기도 했다. 심지어 정상인이 여러 개의 임상 척도에서 높은 점수를 나타내기도 했다. 이러한 결과들은 MMPI를 이용해 정신병리를 진단하는 것이 무리라는 점을 잘 보여주는 것이었다.

그러면서 현재 MMPI는 원래 의도한 목적과는 다르게 사용되고 있다. 어떤 피검자가 특정한 척도에서 일정한 점수를 받으면 심리학자는 사전 연구와 다양한 사례 경험을 통하여 그 척도에서 비슷한 점수를 받은 사람들이 주로 나타낸 성격 특성을 중심으로 해석을 진행한다.

현재 MMPI는 세계적으로 가장 널리 쓰이고 가장 많이 연구되고 있는 객관적 성격검사로 평가받는다. 현재 MMPI에 관해서는 45개

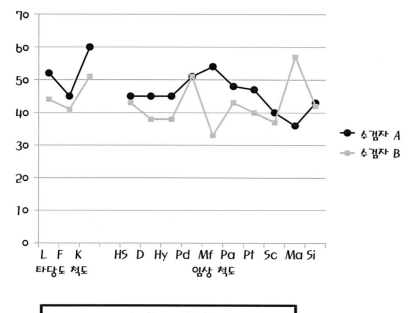

L	F	K		Hs	D	Hy	Pd	Mf	Pa	Pt	Sc	Ma	Si
타당도 척도							임상 척도						

● 수검자 A
■ 수검자 B

> MMPI에서는 타당도 척도와 임상 척도의 높낮이에
> 기초해 두 사람의 성격 특성에서의 차이를 해석한다.
> 둘 다 남성이지만 A는 부드러운 성격을 가지고 있고
> B는 강인한 성격을 갖고 있다.

국에서 115종류 이상의 번역판이 출판되었고 1만2000여 편의 관련 논문이 발표되었다. 이 검사의 장점으로는 실시와 채점 과정이 간편하고 객관적이라는 점과 피검자 본인이 생각하는 주관적인 심리적 문제를 파악할 수 있다는 점을 들 수 있다. 하지만 단점으로 피검자가 어느 정도까지는 자신의 반응을 의도적으로 조작할 수 있다는 점도 있다.

이러한 검사의 특징을 소개하면 다음과 같다. 첫째, MMPI는 질문지형 성격검사며, 내용이 모호하여 검사를 받는 사람이 의미를 잘 알 수 없는 550개의 문항으로 이루어져 있다. 원래의 MMPI에서는 16개의 중복문항이 포함되어 있어서 총 566문항이었다. 하지만 현재 사용되는 MMPI-2는 567문항으로 수정되었다. MMPI에 응답하는 과정에서 수검자는 각 문항에 대하여 '그렇다' 혹은 '아니다'의 두 가지 답변 중 하나를 선택하게 된다. 그리고 이렇게 응답한 내용은 척도별로 원점수를 평균 50, 표준편차 10인 점수로 표준화한 T점수로 표시된다.

둘째, MMPI는 주요 정신병리와 연관된 행동 특성을 평가하는 10가지 임상척도와 수검자의 응답태도를 평가하는 타당도 척도로 구성되어 있다. 타당도 척도는 피검자가 얼마나 솔직하게 응답했는지 혹은 검사에 얼마큼 타당한 방식으로 임했는지에 관한 검사태도를 평가한다.

MMPI는 기본적으로 문항수가 매우 많기 때문에 실용적인 목적으로 사용하는 데 어려움이 있었다. 문항수가 과도하다는 것은 MMPI가 발표된 직후부터 현재까지 꾸준히 제기돼온 문제이다. 그래서 심리학자들은 MMPI의 566문항을 168문항으로 줄인 단축형 MMPI를 활용하기도 한다. 이러한 단축형 다면적 인성검사는 문항수가 너무 많아 검사 시행에 많은 시간이 소요되는 문제를 해결해줄 수 있다. 단축형 다면적 인성검사는 기존의 566(혹은 567)문항의 MMPI가 제공해주는 정보를 동등한 수준으로 제공해주는 동시에 많은 시간과 노력을 절약할 수 있도록 해준다. 이러한 단축형 MMPI에 대해서 150

여 개 이상의 연구가 진행되었고 이러한 결과들을 종합적으로 정리한 연구자들은 단축형 MMPI가 원래 MMPI와 대등한 수준으로 타당한 인성검사라는 점에 동의한다.

로샤검사 – 세계 최고의 투사적 성격검사

1921년에 정신과 의사인 헤르만 로샤는 『심리진단법』이라는 저서에서 자신의 이름을 딴 로샤검사라는 기념비적인 검사를 소개했다. 영화나 드라마 등에서 자주 나올 정도로 유명한 이 로샤검사는 무작위의 불규칙한 잉크반점을 보고 사람들이 나타내는 반응을 통해 개인의 정신상태나 성격 등을 평가하는 방법이다. 그 책 서문에서 로샤는 비록 경험적인 기초 위에서 저술된 것이기는 하지만 로샤 심리진단법의 이론적인 토대가 아직은 미약하기 때문에 차후에 지속적인 보완작업이 필요하다고 제시했다. 이처럼 처음에 로샤는 로샤검사에 대해서 이론적으로 단정 짓는 것에 매우 조심스러운 태도를 취했다. 그러한 전제 하에서 로샤는 로샤검사 무의식을 탐구하는 도구로 오인되어서는 안 된다고 조심스럽게 제안하기도 했다.

헤르만 로샤 Hermann Rorschach 1884~1922

헤르만 로샤는 투사검사 중 하나인 로샤 잉크검사를 고안한 스위스의 정신과의사이다. 그는 베를린대학교에서 의학을 공부하고 취리히대학교에서 박사학위를 취득한 후 주로 정신병원에서 일했다. 그는 1911년 정신과 수련의 훈련을 받는 동안 정상적인 청소년과 정신과 청소년 환자들이 잉크반점 카드에 서로 다르게 반응한다는 것을 알게 된 뒤 1917부터 체계적으로 정신분열증 환자의 잉크반점 카드에 대한 반응 자료를 수집하여 자신의 잉크반점 검사방법이 정신분열병을 진단하는 데 유용한 도구가 될 수 있다는 사실을 발견했다. 그는 1921년 자신의 연구 결과를 『심리진단법』이라는 저서로 발표했다. 하지만 이듬해 그는 후속연구를 진행하던 중 새벽에 복통을 호소하며 응급실로 실려가 급사했다.

그 후 로샤는 타고난 과학적인 재능과 심리학적인 통찰력에 기초해 로샤검사도구에 대한 이해를 충실하게 증진시켜나갔다. 그러나 비극적인 사건이 일어났다. 1922년 4월 1일에 로샤는 거의 일주일 동안 복부의 통증으로 시달리고서 병원 응급실에 입원했고 다음날 아침에 그는 세상을 떠났다. 이때 그는 겨우 37살이었고 로샤검사에 대한 연구에 채 4년도 몰두하지 못한 상태였다. 아마도 그가 계속 살았더라면, 로샤검사에 대한 그의 연구는 더욱 확장되었을 것이고 로샤검사의 성격과 발전, 그리고 전개방향은 지금과 많이 달랐을 것이다.

죽기 몇 주 전에 로샤는 스위스의 정신분석학회에 로샤검사와 정신분석 간의 관계에 대한 그간의 연구 성과를 발표하기 위한 글을 집필하고 있었다. 사장될 뻔한 그 글은 로샤의 동료인 아동 정신분석가가 1923년에 발표했는데, 그 논문에서는 놀랍게도 로샤검사와 무의식의 관계에 대한 로샤의 처음 생각이 뒤집어져 있었다. 다시 말해, 그 논문에서 로샤는 로샤검사에 대한 반응이 피검자의 무의식에 대한 깊이 있는 통찰을 제공해줄 수 있다고 주장하고 있었다.

이 논문의 서문에 실린 글을 보면, 로샤는 자신이 로샤검사에 대해서 새롭게 정립한 시각이 장차 정신분석에 중차대한 영향을 줄 것이라고 기대한 것으로 보인다. 사실 로샤의 이러한 입장은 처음에 자신의 로샤검사가 무의식에 대한 탐색 도구로 활용될 것을 염려했던 태도와는 너무나도 다르다. 왜 로샤는 불과 1년 남짓한 사이에 자신의 이론을 번복했을까? 정확한 이유야 그 자신만이 알 수 있는 것이겠지만, 아마도 연구가 진행되면서 점차 새로운 사실들, 즉 로샤검사의 새로운 가능성들에 눈뜨게 되었던 것만큼은 틀림없어 보인다.

오늘날 로샤검사는 투사적인 기법의 대명사로 불릴 만큼 임상에서 가장 일반적으로 사용되는 심리검사로 인정받고 있다. 그럼에도 불구하고 로샤검사의 역사는 그간 수많은 논쟁들로 가득했다. 그중에서도 투사적 가설(projective hypothesis)을 둘러싼 대립은 가장 치열한 논쟁 중 하나이다.

한때 투사적 가설은 정신분석이 유행하던 심리학의 시대정신과 맞아떨어져 학문적인 붐이 조성되기도 했다. 하지만 또 다른 한 편에서는 투사적 가설에 대해서 때로는 혹독할 정도의 비판이 제기되었다. 그러한 비판은 주로 심리측정적(Psychometric) 원리를 엄격하게 적용해야 한다는 입장을 지닌 학자들이 제기했다.

처음에 로샤검사를 정신역동적인 이론에 접목하고자 했던 임상가들은 검사의 잠재적인 유용성을 과대평가하고 또 검사의 효율성에 대해 비현실적인 주장을 하는 경향이 있었다. 일례로 1950년대와 1960년대에 진단적 정확성, 신뢰도, 타당도 등 심리측정적 사항에 대해서 부정적인 연구결과들이 계속해서 보고되고 있음에도 불구하고, 많은 검사자들이 로샤를 마음을 탐지하는 엑스레이 같은 것으로 여기기도 했다. 또 다른 한편으로는, 로샤검사에 대한 비판들이 세련되지 못하고 또 타당하지도 않은 경우도 많았다. 일부는 사실이고 일부는 잘못된 것인 이 비판들은 1950~1960년대에 넓게 퍼졌다. 그 시기 동안 많은 사람들이 이 검사의 절차와 과정에 대한 왜곡된 이해에 기초하여 로샤검사의 임상적 가치를 비난했고 심지어

이 그림이 무엇처럼 보이는가?

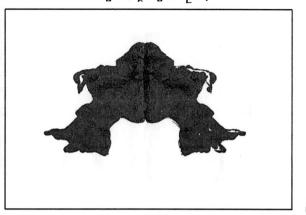

사람들이 잉크반점 자극 카드를 보고
응답한 내용은 정신과 환자들과 정상인의
차이를 잘 보여줄 수 있어. 그래서 정신분열병 환자를
진단하는데도 유용하게 활용할 수 있지.

는 로샤검사가 임상에서 심리검사로서의 가치가 없다는 극단적인
비난이 나오기도 했다.

　로샤검사를 둘러싼 이러한 대립은 종종 그 자체만으로도 많은 연
구자들을 혼란스럽게 했으며 특히 프로이트의 이론에 대한 지지와
반박 논쟁이 맞물리면서 엉킨 실타래처럼 너무나도 복잡하게 얽혀
버렸다. 그리고 그 실타래는 아직까지도 명쾌하게 정리되지 않은 채
로 남겨져 있다. 로샤검사를 둘러싼 논쟁의 역사를 살펴보면, 수수

께끼를 풀기보다는 수수께끼를 더하는 방향으로 전개되어온 것 같은 인상이 들기도 한다.

앞서 소개한 대로, 로샤는 로샤검사와 무의식의 관계를 부정했다가 나중에 가서 긍정하는 쪽으로 견해를 바꿨다. 비록 자신의 입장을 후대에 충분히 전하지는 못했다 하더라도, 적어도 로샤가 로샤검사와 무의식 간의 연관성을 주장했을 때는 심리측정적인 원리를 완전히 무시해버리는 방식은 아니었을 거라고 충분히 짐작해볼 수 있다. 다시 말해서 비록 로샤가 로샤검사와 정신역동의 관계를 주장했다 하더라도, 그 논리가 후대에 벌어진 논쟁들에서 나타났던 것과 같은 '마음의 엑스레이' 운운하는 식의 극단적인 형태는 아니었을 것이다. 이런 점을 고려하여 로샤검사의 해석 원리를 소개하면 다음과 같다.

만약 검사를 받는 사람이 자신의 개인적인 연상에 기초해 잉크반점들에 반응하게 되면, 그때의 반응들은 주로 자기 심리의 투사에 근거해서 형성된 것으로 볼 수 있다. 반면에 검사를 받는 사람이 잉크반점들의 자극특성에 기초해 반응하면 그때의 반응들은 주로 카드특성에 근거해서 형성된 것으로 본다. 카드특성에 기초해 형성된 반응에는 피검자의 독특한 성격에 대한 정보가 거의 들어 있지 않은 반면, 투사에 근거한 반응에는 개인의 내면에 존재하는 욕구, 태도, 갈등 및 관심 등의 다양한 정보들이 담겨져 있다. 따라서 로샤검사 결과를 효과적으로 해석하기 위해서는 피검자의 반응에서 투사와 카드특성을 구분해내는 것이 무엇보다 중요하다고 할 수 있다.

로샤검사는 개인의 성격을 사고, 정서, 현실지각, 대인관계방식

등의 다양한 측면에서 이해하는 데 도움을 줄 수 있다. 이 검사는 10개의 카드로 구성되어 있으며 각 카드에 대해 반응한 것을 점수화하기도 하고 내용을 통해 질적으로 분석하기도 한다. 이 로샤검사에서는 맞는 반응이나 틀린 반응이 존재하지 않는다. 다만 잉크반점에 대한 개인의 반응을 통해 성격의 다각적인 측면을 추론하고 평가하는 것이다.

피터 샐로베이와 존 메이어
정서지능 검사 – 일반지능보다 더 중요한 성공 지표를 평가

예일대학교의 심리학자 피터 샐로베이와 뉴햄프셔대학교의 심리학자 존 메이어는 정서를 적응적인 목적으로 활용하는 능력을 정서지능(Emotional Intelligence)이라고 명명했다. 1996년에 샐로베이가 방한하여 강연을 하고 또 대니얼 골먼(Daniel Goleman)의 저서 『감성 지능』이 베스트셀러가 되면서, 정서지능은 우리 사회에서도 매우 친숙한 개념으로 자리 잡게 되었다.

사실 정서가 그 자체로서 높은 차원의 지능이라고 보는 시각은 찰스 다윈으로부터 유래한 것이다. 그는 『인간과 동물의 정서 표현』에서 정서를 일종의 지능으로 볼 수 있는 두 가지 이유를 제시한 바 있다. 첫째, 정서는 어떤 특정 상황에서 요구되는 행동을 활성화시켜준다. 예를 들어, 야생동물들은 두려움을 느낄 때 더 잘 도망친다.

피터 샐로베이 Peter Salovey 1958~
존 메이어 John D. Mayer 1953~
피터 샐로베이는 미국 예일대학교의 심리학 교수로서 2013년에 예일대학교 총장이 됐다. 그는 감성지수(EQ)라는 개념을 최초로 이론화했는데 이는 사람들이 어떻게 자신의 감정을 자각하고 제어하는지, 타인의 감정을 이해하고 공감하는지와 관련된 개념이다. 그는 예일대학교에서 심리학 박사학위를 취득했으며, 주요 저서로는 『정서지능과 정동의 자기 조절』(1993), 『정서지능이란 무엇인가?』(1997), 『정서지능의 긍정심리학』(2009) 등이 있다. 존 메이어는 뉴햄프셔대학교의 심리학과 교수이다. 그의 주요 관심 분야는 인간 성격의 많은 부분들이 어떻게 함께 조직화되어 발달하는지에 대한 연구이다.

둘째, 인간과 비슷한 종의 동물들에게 정서는 생존에 도움을 주는 신호체계를 포함하고 있다. 예컨대, 분노는 치아를 드러내면서 얼굴을 찌푸리는 것으로 표현되며 "나는 너를 물어뜯을 것이다"는 의사를 표시하는 것이다.

오랫동안 정서적인 능력은 오로지 시인들 또는 예술가들에게만 필요한 것으로 여겨졌다. 하지만 지적인 능력을 위주로 한 기존의 심리학적인 설명 틀은 인생에서 자연스럽게 나오는 중요한 질문들에 적절한 답안을 내놓지 못했다. 왜 어떤 사람은 축복 속에서 행복한 삶을 사는데 또 다른 사람들은 그렇지 못한가? 또는 왜 학창시절에 똑똑한 수재였던 학생들이 성인이 되었을 때 성공하지 못할까? 또 어떤 사람은 다른 사람들에게 첫눈에 호감을 주는 데 반해 또 다른 이들은 그렇지 못하는가? 지적인 능력에 기초한 설명만으로는 이런 질문에 답할 수가 없었다. 하지만 정서지능은 이러한 삶의 난제들에 대한 해답을 제시해줄 수 있다.

샐로베이에 따르면, 정서적으로 지능적인 사람일수록 자신이 고용한 근로자가 더 큰 만족을 느끼도록 하며 흥미롭게 의사소통하고 또 미적 감각을 가진 제품을 계획하는 일에 더 뛰어나다. 이런 맥락에서 그는 정서지능이 파리의 아름다운 에펠탑 설계와 평범한 송신탑 설계 사이의 차이를 보여줄 수 있을 것이라고 주장했다.

하지만 정서지능에 아무런 문제가 없는 것은 아니다. 이론적인 개념으로서 정서지능이 가지고 있는 가장 큰 난점은 객관적인 측정이 어렵다는 점이다. 만약 시중에 범람하고 있는 자기보고식 질문지로 측정한 정서지능 결과를 신뢰할 수 있다면 큰 문제는 되지 않는다.

다음 항목 중 이 인물의 현재 감정 상태와 가장 가까운 항목은?

① 분노
② 행복
③ 불안
④ 우울
⑤ 혐오

IQ보다 더 중요한 것은 정서적인 유능성, 즉 정서지능이야. 표정을 보고 그 사람의 감정을 올바르게 이해하는 것이 정서적 유능성의 한 가지 예야.

하지만 샐로베이가 분명하게 밝혔듯이, "나는 내가 매우 똑똑하다고 생각한다"라는 문항에 "그렇다"라고 응답하는 사람들이 IQ가 높은 사람이라고 말한다면, 그것은 분명히 넌센스일 것이다. 이것은 정서지능에서도 마찬가지기 때문에 자기보고식 질문지로 정서지능을 측정하는 데는 한계가 있다.

자신의 감정을 자유자재로 통제한다는 것은 매우 어려운 과제다. 생각이 상대적으로 쉽게 변할 수 있는 것과는 달리, 감정은 쉽게 변하지 않기 때문이다. 하지만 샐로베이와 그의 동료들에 따르면, 우리들의 마음속에는 일종의 '정서적인 극장(emotional theater)'이 존재한다. 어떤 사람의 정서적인 극장에서는 하루 종일 비극적인 영화만 상영되기도 하고 또 다른 사람의 정서적인 극장에서는 행복한 결말을 보여주는 프로그램만 상영되기도 한다. 정서지능은 이러한 정서적인 극장이 상황에 맞게 적응적인 방향으로 작동할 수 있도록 운영하는 능력을 뜻한다.

주로 정서지능은 마음속의 정서적 극장을 메타-기분(Meta-Mood)을 통해 제어한다. 메타-기분은 자신의 정서에 대한 느낌을 뜻한다. 메타-기분은 기분과는 다르다. 기분은 사람들이 일정 기간 동안 경험하는 감정 상태를 말한다. 예를 들면, '우울하다' 또는 '행복하다'와 같은 단어가 기분을 나타내는 표현에 해당한다. 이에 반해 메타-기분은 '기분에 대한 기분'을 뜻하는 것으로서 자신이 경험하는 감정 상태를 제어하는 것과 관련해서 어떻게 느끼고 있는지를 가리키는 말이다. 예를 들면, 사람들이 동일하게 우울한 기분을 느낄지라도 누군가는 스스로 그러한 기분에서 회복될 수 있다고 생각하기도 하지만 또 다른 이는 스스로 회복하기 어렵다고 느낄 수도 있다.

샐로베이와 그의 동료들은 자신의 기분에 대해서 사람들이 어떻게 느끼는가 하는 점이 일상생활에서 스트레스 사건에 대처하는 데 중요한 영향을 준다는 점을 발견했다. 그들에 따르면, 스트레스를 주는 사건을 겪은 다음에는 강렬하지만 원하지 않는 생각이 뒤따르게 된다. 다시 말해서 스트레스를 겪은 뒤에는 마음속의 정서적인 극장에서 원하지 않는 프로그램이 상영되는 것이다. 갑자기 떠오르는 원치 않는 생각을 성공적으로 처리하기 위해서는 정서적인 극장의 프로그램을 적응적인 방향으로 수정하기 위한 능력이 필요하다. 정서지능이란 바로 그런 능력을 말한다.

20세기는 과학의 시대였으며 인지혁명이 시대정신으로 등장한 시기이다. 하지만 21세기의 시대정신은 정서의 지혜가 새로운 가치로 대두될 것이라는 점을 분명히 보여주고 있다. 이미 과학계에는 감성 공학으로 알려진 테크놀로지가 각광을 받기 시작했으며 교육계도 학생들의 정서적인 지혜를 함양하기 위한 다양한 교육 프로그램들을 경쟁적으로 도입하고 있는 중이다.

헨리 머레이
주제통각검사 – 그림에 대한 해석 내용으로 사람의 마음 읽기

주제통각검사(The Thematic Apperception Test, TAT)는 1938년에 하버드 대학의 심리학자 헨리 머레이가 창안한 심리검사도구다. 이 검사 도구는 마치 영화 속의 한 장면 같은 31장의 그림 카드로 구성되어 있다. 주제통각검사는 로샤검사와 함께 전세계에서 가장 널리 활용되고 있는 대표적인 투사적 검사로서 개인이 갖고 있는 내적인 욕구와 사회적 압력 간 관계를 분석함으로써 성격 특징을 이해하는 진단 도구이다.

주제통각검사 카드는 각각 남성 성인용, 여성 성인용, 소년용, 소녀용 또는 겸용으로 분류되어 있으며 실시할 때는 한 사람에게 20장을 제시하도록 되어 있다. 로샤검사와 다른 점 중 하나는 전체 카드가 흑백으로 구성되어 있다는 점이다.

헨리 머레이 Henry A. Murray 1894~1988

헨리 머레이는 문학비평가이자 의사인 동시에 저명한 성격 심리학자이기도 했다. 그는 1915년 하버드 대학에서 역사학으로 학사 학위를 받은 후 컬럼비아 의과대학을 수석으로 졸업했다. 그 후 1927년 케임브리지 대학에서 생화학 연구로 박사학위를 받았다. 보스턴 정신분석협회 창설자의 일원으로서 1935년까지 정신분석학 수련을 받았다. 그는 문학 연구에도 몰두하여 25년간 『백경』의 저자인 멜빌의 생애와 문학작품을 탐독했다. 이런 점에서 그는 '멜빌학' 연구자로 불리기도 한다. 하버드대학교에서 임상심리학 교수로 재직했으며 1961년에 미국 심리학회의 우수과학공로상을 수상했다.

이 그림은 어떤 상황일까?

그림에 대해서 상이하게 지각하는 내용을 살펴보면 응답자 개인의 독특한 특성을 이해할 수 있지.

주제통각검사에서 통각은 통합된 지각 내용을 의미한다. 사람들은 동일한 감각 자극을 받아도 다른 식으로 받아들이곤 한다. 이처럼 같은 자극에 대해서 상이하게 지각하는 내용을 살펴보면 응답자 개인의 독특한 특성을 이해할 수 있다는 것이 주제통각검사의 가정이다.

주제통각검사에서는 사람들에게 각 그림카드를 보여주면서 현재 무슨 일이 일어나고 있는지를 질문한다. 그러면 검사를 받는 사람은 카드에 그려져 있는 대상이 현재 어떤 상황에 있으며 또 무엇을 하고 있는지 설명하게 된다. 수검자의 이러한 반응 내용은 자세히 기록되어 전문적인 채점기준에 따라 점수가 매겨진다.

주제통각검사에서는 수검자가 자극 카드에 대해 직접 지각한 내용뿐만 아니라 더 나아가 상상을 추가하여 이러한 상상 속에서 나오는 구체적인 내용들을 참고로 하여 수검자의 성격을 해석한다. 이때 수검자는 카드에 나오는 인물과 자기 자신을 동일시하여 자신의 원망, 갈등, 그리고 공포 등을 그림 속 인물에게 귀속시키게 된다.

때때로 수검자는 자극 카드와 관련된 선행사건이나 결과에 대한 반응을 생략하기도 한다. 이런 경우, 검사자는 질문을 해서 부가적인 정보를 얻게 된다. 예컨대, "이 사건 전에는 어떤 일이 일어났을까요?" 또는 "다음 장면은 어떻게 진행될까요?"라고 묻는다.

주제통각검사를 채점하는 기준으로는 양적 기준과 질적 기준 두가지가 있다. 양적기준에는 강도(intensity), 기간(duration), 욕구의 빈도(frequency of need)를 평가하는 척도가 사용되며 질적 기준으로는 성격 및 임상적 주제에 대한 전문가의 판단을 꼽을 수 있다. 로샤검사에서는 자극 카드에서 어떤 내용을 어떻게 지각하는가 하는 지각적 측면이 강조되는 반면에 주제통각검사에서는 반응의 내용, 즉 충동·욕구·감정·갈등·상상 등의 요소가 더 강조된다. 이처럼 두 가지 검사에서 제공해주는 정보들은 상호보완적인 것들이기 때문에 보통 실제 임상에서는 두 가지 검사가 동시에 사용되는 편이다.

주제통각검사는 다음과 같은 장점을 가지고 있다. 첫째, 자기보고식 검사에 비해 개인의 성격구조에 관해 깊이 있는 정보를 제공해줄 수 있다. 기본적으로 주제통각검사와 같은 투사적 검사는 의식적으로 결과를 조작하려거나 거부하는 노력으로부터 영향을 적게 받기 때문이다. 둘째, 성격에 관한 단편적인 정보가 아니라 전반적인 성격

특성에 관한 정보를 얻을 수 있다. 주제통각검사는 개인의 일부 특성이나 태도를 알아보는 것이 아니라 성격의 전반적인 구조를 이해할수 있도록 해주며 정서적 문제, 동기상의 문제, 대인관계상의 특성, 일반지능, 언어유창성, 창의적 사고력, 문제해결능력들에 관한 종합적인 정보를 제공해준다. 셋째, 수검자와 좋은 관계를 형성하는 데도움이 된다. 주제통각검사는 개인 내면의 깊숙한 특성에 관한 정보를 제공해줌에도 불구하고 덜 위협적으로 받아들여지며 또 검사를받는 사람이 검사 과정 자체를 재미있어 한다는 장점이 있다.

1943년에 매뉴얼이 출간된 이래로 주제통각검사와 관련해서는 여러 가지 채점 방법들이 제안되었다. 하지만 그 어느 것도 타당도의측면에서 만족할 만한 채점기준을 제공하지 못한다는 약점을 가지고 있다.

5장

인간 행동의 생물학적 특징과 학습

대내기능 편재화
분리 뇌
일반 적응 증후군
고전적 조건형성
조작적 조건형성
사회적 관찰 학습

피에르 브로카, 칼 베르니케, 와일더 펜필드

대뇌기능 편재화 – 뇌 속 난쟁이의 발견

20세기 초만 해도 뇌는 일종의 블랙박스로서 하나의 구조물로 간주해야 한다는 생각이 일반적이었다. 하지만 인간의 뇌는 약 3만 개의 유전자가 활동하는 구성체로서 약 10의 12제곱 수의 신경세포가 10의 15제곱 개의 접합부를 이루며 기능한다. 이런 점에서 보면, 우리의 두뇌는 하나의 덩어리로 취급할 수 없으며, 부위별로 각각 고유한 기능을 담당하고 있는 조직적 구성체라고 할 수 있다.

지금은 뇌 영상 기술이 발전해 뇌를 여러 부분으로 나눠 관찰하는 것이 가능하다. 예를 들면, 오늘날 뇌의 구조와 기능을 영상으로 만들어내는 가장 정교한 기술 중 하나가 자기공명영상(MRI) 장치인데 이 기구는 뇌를 1밀리미터보다 더 미세한 단위로 관찰할 수 있

피에르 브로카Pierre P. Broca 1824~1880

칼 베르니케Karl Wernicke 1848~1905

와일더 펜필드Wilder G. Penfield 1891~1976

피에르 브로카는 프랑스 출생의 인류학자 및 신경생리학자이다. 파리 의과대학을 20세에 졸업한 후 파리 의과대학에서 최연소 해부학자로 임명되었고 1859년 세계 최초의 인류학 학회인 파리 인류학회를 창설했다. 칼 베르니케는 독일의 신경생리학자이다. 브로카가 브로카 영역의 손상으로 유발된 언어적 결함에 대해 발표한 뒤에, 베르니케도 독자적으로 뇌 질환이 말하기와 언어에 미치는 효과에 대해 연구하기 시작했다. 그는 브리슬라우대학교에서 의학 박사학위(1870)를 받은 후 같은 대학교의 신경학과 및 정신의학과의 조교수로 재직하다가 자전거 사고로 사망했다. 와일더 펜필드는 캐나다의 신경외과의로서 간질발작 환자를 치료하는 과정에서 뇌지도 모형을 완성했다.

다. MRI를 통한 관찰 결과 각 신경세포는 개별적으로 기능하기보다는 작은 군집의 형태로 작동하며 다양한 기능의 유닛들이 특정 행동을 통제한다고 할 수 있다. 이처럼 인간의 머릿속 대뇌피질에서 각 부분은 저마다 고유한 기능을 담당하고 있다. 이를 대뇌기능 편재화(lateralization)라고 부른다. 이러한 대뇌기능 편재화를 최초로 발견한 이들은 프랑스 의사 피에르 브로카와 독일 의사 칼 베르니케였다.

브로카는 어느 날 모든 질문에 오로지 '탄(Tan)'이라고만 대답하는 환자를 만났다. 그는 손동작으로 어느 정도 의사소통은 가능했지만 언어적인 의사표현을 하는 데는 심각한 어려움을 겪었다. 그 환자가 죽은 뒤 부검을 실시한 브로카는 뇌의 왼쪽 부위가 손상된 것을 발견하고 이 부위를 브로카 영역이라 명명했다. 그 후 베르니케는 일군의 뇌손상 환자들이 말은 할 수 있었지만 그 의미를 이해하지 못하고 또 자신이 본 것을 제대로 설명하지 못하는 증상을 관찰했다. 그 또한 환자들이 죽은 뒤 뇌를 부검하여 손상된 부위를 확인했으며 이 부위를 베르니케 영역이라 명명했다. 브로카 영역이 말하기를 담당하는 뇌 부위인 반면 베르니케 영역은 언어를 이해하고 의미 있는 문장을 구성하는 능력과 관계가 있다.

1909년 독일의 과학자인 브로드만(Korbinian Brodmann) 박사는 죽은 사람 뇌에서 신경세포를 염색한 것을 찍은 수만 장의 영상을 현미경으로 일일이 조사하고 신경세포가 배열된 특성에 따라 뇌를 40여 개의 기능 유닛으로 구분했다. 이렇게 분류된 영역을 각각 브로드만 번호로 표시했는데, 오늘날도 이 방식을 사용한다. 예를 들면, 브로카가 알아낸 언어영역은 브로드만 영역 44, 45번으로 표기한다.

그 후 펜필드는 간질 발작 환자를 치료하는 과정에서 약한 배터리에 연결된 전선으로 환자의 뇌 부위를 자극함으로써 어떤 부위에서 발작이 시작되는지 찾으려 시도했다. 그는 이러한 작업으로 환자들의 발작부위를 찾아낼 수 있었는데 그와 더불어 동작을 지시하고 감각을 조절하는 뇌 부위를 비교적 정확하게 확인할 수 있었다. 예를 들면, 눈에서 발가락까지 모든 동작을 조절하는 운동영역은 뇌의 앞 부분에 있으며 그 바로 위 쪽 부위에는 몸의 특정부위가 어떻게 느끼는지를 정보 처리하는 체성 감각영역이 있다는 식으로 신체 각 기관의 기능과 뇌의 주요 부위 간 관계를 확인한 것이다.

펜필드는 몸의 각 부위가 뇌에서 차지하는 비율로 인간을 표현한 뇌지도 모형을 만들었다. 그러한 모형에 따르면, 신체부위를 담당하는 뇌의 부위는 각각 다르고 그 크기도 제각각이다. 펜필드는 대뇌 피질의 각 부위가 담당하고 있는 기능을 중심으로 뇌지도를 작성한 뒤 이를 다시 인간의 모양으로 재조합하여 모형을 제작했다. 펜필드는 이 인간 모형을 우리의 두뇌 속에 사는 '호문쿨루스'라고 이름 붙였다. 호문쿨루스는 라틴어로 '작은 인간'이라는 뜻이다.

호문쿨루스 모형에서 특이한 점은 손가락과 입술, 혀, 인후에 할당된 피질 영역이 아주 넓다는 것이다. 입과 손은 실제 몸 크기보다 훨씬 크고 몸통은 매우 작다. 이를 통해 우리 뇌에서는 입과 손이 매우 큰 비중을 차지한다는 것을 알 수 있다. 이러한 뇌지도는 전통적인 민간요법 중 하나인 수지침이 과학적으로 전혀 근거 없는 것은 아니라는 점 또한 보여준다. 손과 발 등의 신체 말단은 각각 대뇌피질의 특정 부위와 신경망의 형태로 연결되어 있기 때문이다.

이러한 뇌지도 작업은 인간과 마찬가지로 동물에 대해서도 적용할 수 있다. 쉽게 짐작할 수 있는 것처럼, 동물들마다 뇌지도의 형태는 커다란 차이를 보인다. 예를 들어, 고양이나 쥐의 경우 수염에 해당하는 부분의 면적이 상대적으로 크다. 이러한 결과는 뇌지도가 해당 동물들에서 어떤 기능이 상대적으로 더 중요한지를 보여주는 일종의 지표 역할을 할 수 있음을 시사한다.

로저 스페리

분리 뇌 – 말 따로, 행동 따로

우리 두뇌의 각 반구는 신체의 반대쪽을 통제한다. 즉 좌반구는 신체 오른쪽 부위의 감각과 운동을, 그리고 우반구는 신체의 왼쪽 부위의 감각과 운동을 통제한다. 하지만 시각정보의 경우에는 보다 복잡하게 뇌에 입력되고 처리된다. 시각정보를 받아들이는 눈의 시야 (visual field)를 좌우 반으로 나누었을 때, 좌측 시야에 나타난 자극은 양쪽 눈의 좌우 망막 중에 우측 망막에 상이 맺히고 이 정보는 우반구로 들어간다. 반면에 우측 시야에 나타난 자극은 양쪽 눈의 좌측 망막에 상이 맺히고 이 정보는 좌반구로 들어간다. 이렇게 뇌의 우반구와 좌반구에서 처리된 정보가 두 반구 사이에서 둘을 연결하는 뇌량을 통해 상호교환됨으로써 좌우반구는 서로의 정보를 통합하게 된다.

두 대뇌반구가 독립적이고 기능적으로 다소 전문화되어 있다 할

로저 스페리 Roger W. Sperry 1913~1994
로저 스페리는 신경생물학자이며 신경심리학자다. 그는 눈을 통해 외부 정보가 뇌에 도달하는 비밀을 밝혀낸 업적으로 노벨 생리의학상을 수상했다. 그는 시카고대학교에서 동물학으로 박사학위를 받았다. 그 후 시카고대학교에서 교수로 일했으며 캘리포니아 공과대학에서 석좌교수를 역임했다. 주요 저서로는 『신경학과 정신두뇌 문제』(1952), 『정신, 두뇌 그리고 인간적인 가치』(1965), 『과학과 도덕적 우위』(1983) 등이 있다.

지라도 뇌량이 연결되어 있어서 항상 통합적으로 작용한다. 그러므로 우리는 두 개의 뇌가 각자 요구하는 바에 혼란을 느끼지 않고 환경에 적응하며 가치 있는 삶을 사는 것이다. 우리는 배우고 기억하며 계획하고 느끼는 단일한 '나'에 대한 자기인식을 가지는데, 그것이 가능한 이유는 신경계가 잘 통합되어 조화롭게 작동하기 때문이다.

하지만 때때로 뇌량을 중심으로 한 신경계의 통합적 기능은 장애가 확산되는 데 기여하기도 한다. 간질 환자가 발작을 보일 때 뇌파를 기록해보면 한쪽 반구에서 나타난 간질발작이 뇌량을 거쳐 다른 반구로 전이된다는 것을 알 수 있다. 따라서 심각한 발작을 나타내는 환자의 경우에는 이러한 발작을 경감하기 위해 뇌량을 절제하기도 한다. 뇌량 절제술은 좌우반구 사이의 통로를 없앰으로써 좌우반구가 정보통합을 못하게 한다. 간질 환자의 경우 뇌량 절제술은 좌우반구를 독립시켜 뇌 발작이 확산되는 것을 극적으로 감소시킬 수 있다.

이러한 뇌량 절제술은 뇌 연구자들에게 분리된 두 개의 뇌가 기능적으로 차이가 있는지 확인할 수 있는 기회를 제공해주었다. 좌우반구의 기능 차이를 알아보기 위해서 연구자들은 뇌가 분리된 환자에게 한쪽 시야에만 순차적으로 그림이나 단어와 같은 시각자극을 제시하여 이 자극정보가 한쪽 반구로만 들어가게 했다. 그리고 나서 환자에게 여러 가지 물음과 지시를 한 후 환자가 보이는 반응들을 통해 좌우반구의 기능을 확인했다.

이러한 실험을 통해 로저 스페리와 동료는 두 대뇌반구가 서로 상

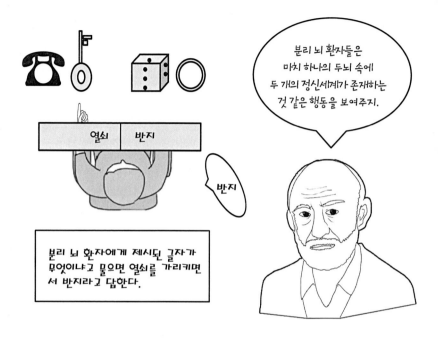

분리 뇌 환자들은 마치 하나의 두뇌 속에 두 개의 정신세계가 존재하는 것 같은 행동을 보여주지.

열쇠　반지

반지

분리 뇌 환자에게 제시된 글자가 무엇이냐고 물으면 열쇠를 가리키면서 반지라고 답한다.

이한 방식으로 정보처리를 한다는 사실을 확인할 수 있었다. 분리 뇌 환자는 시각 자극이 오른쪽 시야에 제시되면 금방 그것이 무엇인지 말할 수 있었으나 동일한 자극이 왼쪽 시야에 제시되면 그것이 무엇인지를 말할 수 없었다. 그러나 우반구의 지배를 받는 왼손으로 스크린 뒤에 가려져 있는 물건 중에 금방 본 것을 찾아보라고 하면 정확하게 그 물건을 골라냈다. 시야 양쪽에 다른 물건을 제시하고 그 물건이 무엇인지를 질문하면 분리 뇌 환자는 오른쪽에 있는 것을 보고 '반지(ring)'라고 말을 하지만 왼손으로 본 것을 찾아보라고 하면 열쇠를 가리킨다.

분리 뇌 환자들은 종종 두 개로 분리된 의식을 경험한다고 말한다. 오른손에 책을 들고 열심히 읽고 있는데 왼손이 책을 가로채 던져버린다거나, 그날 입을 옷을 이미 한 손에 골라 들고 있는데 다른 손이 자꾸 다른 옷을 꺼내기도 한다. 스크린의 오른쪽 시야에 '웃음'이라는 단어를 제시하고 왼쪽 시야에 '박수'라는 단어를 제시하면 분리 뇌 환자는 즉시 웃으며 박수를 친다. 이때 그에게 무엇을 보았는지 물어보면 웃으라는 지시를 보았다고 주장한다. 왼쪽 시야에 단추를 풀라는 지시를 보여주고 오른쪽 시야에 단추를 끼우라는 지시를 보여주면, 단추 하나에서 왼손은 단추를 풀려고 하고 오른손은 단추를 끼우려고 하면서 양쪽 손이 서로 다투는 우스꽝스러운 장면이 연출되기도 한다. 여기서 중요한 것은 두 반구의 독립성이다. 두 반구는 동시에 별도의 지시를 받고 그 지시를 수행할 수 있는 것처럼 보인다.

뇌의 활성화 영역을 확인할 수 있는 양전자단층촬영(PET) 기법은 수행하는 과제에 따른 반구의 전문화를 직접 확인할 수 있게 해준다. 뿐만 아니라 한 과제에서도 사람들이 사용하는 전략에 따라 반구의 전문화가 달라진다는 것이 입증되었다. 예를 들어 음악을 들려주면서 단순히 음을 지각하게 한 경우는 우반구가 활성화되는 반면에 머릿속으로 오선지에 음표를 그리는 식으로 반응하도록 지시하면 좌반구가 활성화되었다. 이는 반구의 전문화에서 중요한 것은 제시되는 자극의 물리적 속성이 아니라 그 사람이 사용하는 인지적 전략임을 시사한다. 음악이 아닌 다른 활동에서도 유사한 개인차가 나타나는데, 사람들은 저마다 동일한 문제에 대해서도 서로 다른 방식으로 사고를 하며 동일한 일을 할 때에도 서로 다른 뇌 부위를 사용하는 것 같다.

한스 셀리에

일반 적응 증후군 – 스트레스라는 용어의 기원

오늘날 사람들이 누구나 알고 있는 스트레스 현상을 최초로 발견한 사람은 헝가리 출신의 과학자 한스 셀리에였다. 그의 가장 뛰어난 학문적 업적 중 하나는 위험에 대처하는 신체반응과 연관된 생물학적 시스템을 규명한 것이다. 프라하대학교 의대에 재학하던 시절 그는 교수들이 다양한 감염성 질환에 걸린 환자들의 증상을 발표할 때 이들의 증상에 공통점이 있다는 것을 알아차렸다. 환자들이 걸린 구체적인 병명은 모두 달랐지만 공통적으로 혀에 설태가 끼고 몸이 쑤시는 통증을 느꼈으며 식욕이 없고 편도선에 염증이 있었다. 이러한 증상을 보이는 환자들은 모두 몸이 안 좋다고 호소했고 객관적으로도 분명한 신체적 이상 증상이 나타났다.

셀리에는 당시에 의사들이 환자들이 보이는 공통된 반응에는 관심이 없고 오로지 차이에만 주목하여 진단을 내린다는 것을 깨달았다. 셀리에는 지도교수에게 특정 질환을 연구하는 것만큼이나 일반

한스 셀리에 Hans Selye 1907~1982

한스 셀리에는 생물학적 스트레스와 그 영향을 연구함으로써 새로운 의학 분야를 구축하는데 공을 세웠다. 그는 노벨상 후보로 총 10번 지명되었다. 셀리에는 프라하에서 의학 박사학위를 취득했으며 1936년부터 캐나다의 맥길대학교에서 스트레스에 관한 연구를 시작했다. 주요 저서로는 『삶의 스트레스』(1956), 『스트레스와 질병』(1955), 『고민 없는 스트레스』(1974) 등이 있다.

적인 증상을 연구하는 것도 중요하다고 주장했으나 당시의 학계로부터 완전히 묵살당했다.

졸업 후 셀리에는 내분비학자로서 캐나다의 맥길대학교에 자리를 잡게 되었다. 이때부터 그는 쥐를 대상으로 다양한 호르몬을 투여하면서 그 효과를 연구했다. 그가 난소에서 추출한 물질 중 하나는 위궤양, 부신의 팽창, 림프계 위축 등의 손상을 일으켰다. 당시에는 난소 호르몬 중 이러한 손상을 야기할 수 있다고 알려진 것이 없었기에 셀리에는 무척 흥분했다.

하지만 곧이어 셀리에는 자신이 발견한 효과가 호르몬이 아니라 추출물의 불순물이나 독성에 의한 것일 수 있다는 데 생각이 미쳤다. 이것을 확인하기 위해 그는 고통스러운 자극을 주는 데 사용되는 포르말린을 쥐에게 주입해보았다. 그랬더니 포르말린은 이 미지의 호르몬 추출물과 유사한 효과를 나타냈다. 셀리에는 한동안 실험을 재개하지 못할 정도로 낙심했지만 그 후 이 결과를 과거에 프라하대학교에서 봤던 환자 사례와 연관지어 생각하기 시작했다. 쥐와 환자들이 나타내는 증상이 미시적인 차원에서는 같은 원인에 의한 것이 아닌가 하는 가정을 세운 것이다. 이후에 다양한 독소들을 사용해보기도 하고 또 다양한 조건(추위, 더위, 통증, 강제 운동 등)을 설정해본 결과, 이처럼 다양한 자극들이 모두 유사한 생리적 반응을 유발한다는 사실을 발견했다. 그중에는 심지어 추위와 더위처럼 서로 반대되는 특성을 지닌 자극도 있었지만 신체는 그 모든 자극들에 대해서 유사한 방식으로 반응했다. 이는 신체 내부에 모든 다양한 자극들에 대해 일관된 방식으로 대응하도록 만드는 시스템이 있다는 것

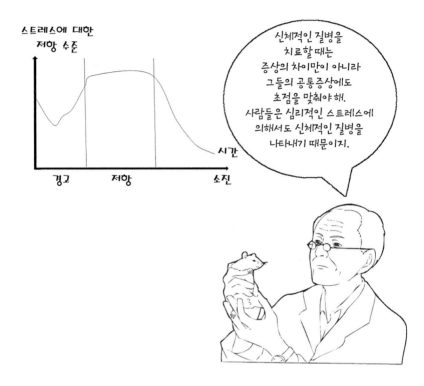

을 뜻한다. 셀리에는 이러한 결과에 기초해 경고, 저항, 소진의 세 단계로 이루어진 일반 적응 증후군(general adaptation syndrome)이라는 스트레스 반응 단계 이론을 내놓았다.

첫 단계인, 경고 단계(alarm stage)는 아드레날린과 코티졸 등을 방출하는 과정과 관련 있으며 교감 신경계가 활성화된다. 이는 투쟁-도피 반응에서 생물학적으로 일어나는 현상이다. 싸우거나 도망가는 상황에서 응급반응이 나타날 수 있는데, 응급반응에 필요한 신체 기관, 즉 위장계통보다는 근육 및 신체의 다른 기관들로 혈액을 내

보내기 위해 혈압·심장박동·호흡·혈당 등이 급격히 증가하는 것이다.

그러나 경고 단계가 끝없이 이어지지는 않는다. 우리의 몸은 두번째 단계인 저항 단계(resistance stage)로 들어간다. 부교감 신경계는 호흡과 심장박동을 정상으로 되돌아오게 해준다. 그러나 에너지를 만들기 위한 혈당 수준은 여전히 높고 아드레날린이나 코티졸과 같은 스트레스 관련 호르몬들도 다량으로 분비된다. 따라서 신체는 공습경보가 지속되는 것처럼 계속 높은 에너지와 각성 상태에 있게 되지만, 이처럼 높은 스트레스 수준에도 적응하게 된다.

공습경보가 지속되는 데 따르는 피해로서, 신체는 특히 질병에 취약해진다. 예를 들어, 저항 단계에서 과로하는 학생의 경우, 감기나 독감을 비롯한 질병에 걸리기 쉽다. 이러한 상황은 외적의 침입을 막기 위해 모든 군대를 국경의 한 지역에 다 배치하다 보니 다른 국경 지역은 무방비 상태가 돼버린 나라와 유사하다고 할 수 있다.

저항 단계가 너무 오래 지속되면 결국 신체는 지쳐서, 세번째 단계인 소진 단계(exhaustion stage)로 들어가게 된다. 생리적 방어가 깨지게 되면서 생명을 위협할 수 있는 심각한 질병에 걸릴 정도로 취약해질 수 있다. 이 단계에서 유전적으로 혹은 환경적으로(흡연이나 콜레스테롤 과다 지속 섭취 등) 취약한 신체 기관에 우선적으로 이상 증상이 나타날 수 있다.

나중에 셀리에는 일반 적응 증후군이라는 표현이 적절하지 않다는 점을 깨닫게 되었다. 고심 끝에 그는 스트레스라는 단어를 찾아냈다. 셀리에가 일반 적응 증후군이라는 현상을 발견한 이후로 오늘날까지 수많은 과학자들은 셀리에의 증후군과 신체적 반응 간 관계를 규명하기 위해 노력하고 있다. 왜냐하면 병원에서 치료를 받는 일반인들 중 십중팔구는 감기, 두통, 변비, 당뇨, 심장 및 혈관 질환, 암 등의 스트레스성 질환에 시달리고 있기 때문이다. 그만큼 셀리에의 일반 적응 증후군은 현대사회에서 중요한 의미를 갖는다.

•이반 파블로프

고전적 조건형성 – 행동의 기초로서 자극과 반응의 연합

고전적 조건화는 1904년 노벨 생리의학상 수상자인 파블로프에 의해 발견된 현상이다. 그는 원래 개의 소화현상을 연구하는 생리학자였다. 그의 연구는 원래 개에게 고기가루를 먹이고 타액의 분비를 관찰하는 것이었다. 그런데 예상과는 달리 고기가루를 줬을 때만이 아니라 접시를 봤을 때나 연구원의 발자국 소리, 실험실 문이 열리는 소리를 들었을 때 등 먹이와 연계된 다양한 자극을 받을 때마다 타액을 분비했다. 분명 이는 파블로프가 정확한 실험을 하는 데 큰 장애물이었지만 대다수의 위대한 과학자들이 그러했듯이 그는 실패 속에서 새로운 발견을 해냈다. 바로 무조건반응을 유발할 수 없는 자극들도 무조건자극과 연관될 수만 있다면 무조건반응과 매우 유사한 행동을 이끌어낼 수 있다는 고전적 조건화 현상을 발견한 것이다.

이반 파블로프 Ivan Petrovich Pavlov 1849~1936
이반 파블로프는 러시아의 생리학자이다. 그는 의학 박사학위를 받은 후 처음에는 소화 기관에 관한 연구를 진행했다. 1902년에 타액이 입 밖으로 나오도록 수술한 개로 침샘을 연구하던 중 사육사의 발소리를 듣고 개가 침을 흘리는 것을 발견한 것을 계기로 고전적 조건화 실험을 실시했다. 1904년에 노벨 생리의학상을 수상했다. 주요 저서로는 『소화샘 연구에 대한 강의』(1897), 『대뇌 양 반구의 작용에 관한 강의』(1927), 『조건반사학 강의』(1928), 『조건반사 연구의 20년』(1932) 등이 있다.

파블로프가 발견한 고전적 조건화의 원리는 다음과 같다. 고기는 본능적으로 개의 타액분비를 유도한다. 따라서 고기는 무조건자극(UCS) 그리고 타액분비는 무조건반응(UCR)이 된다. 고전적 조건화가 발생하기 위해서는 타액분비와 벨소리가 반복해서 짝지워지는 과정이 필요하다. 여기서 벨소리는 본래 타액분비를 유발할 수 없는 조건자극(CS)이지만 고기와 반복되어 제시될 경우 서로 연합되어 나중에 가서는 벨소리만으로도 개의 타액분비를 이끌어낼 수 있게 된다.

하지만 고전적 조건형성은 단순히 조건자극과 무조건자극이 함께 나타난다고 해서 형성되는 것은 아니다. 조건반응이 습득되기 위해서는 조건자극, 무조건자극, 두 자극 사이의 간격이 어떤 관계를 가지고 제시되는지가 중요하다. 학습이 가장 잘 일어나는 방식은 대체로 무조건자극이 조건자극의 끝 부분에서 제시되는 지연조건화이다. 그리고 무조건자극이 제시된 다음에 조건자극이 주어지는 역행조건화의 경우가 학습이 가장 잘 안 이루어지는 것으로 알려져 있다.

그런데 조건자극(CS1)이 또 다른 조건자극(CS2)과 연합될 경우, 새로운 조건자극은 무조건자극과 연합되는 과정 없이도 조건반응을 일으킬 수 있다. 이런 현상을 고차적 조건화라 부른다. 파블로프의 실험을 예로 들면, 조건자극인 벨소리와 푸른 신호등을 반복해서 제시할 경우 개는 푸른 신호등이 켜지는 것만 보고도 타액을 분비하게 된다.

고전적 조건화 과정을 통해 조건자극은 조건반응을 이끌어낼 수 있지만 이러한 현상이 언제까지나 지속되는 것은 아니다. 무조건자

> 먹이와 종소리를 반복해서 제시하면 개는 먹이 없이 종이 울리기만해도 침을 흘리지. 자극과 반응의 연합 때문이야.

1. 배고픈 개는 먹이를 보면 침을 흘림

2. 먹이를 줄 때 종을 울림

3. 종이 울리면 개는 침을 흘림

극이 동반되지 않을 경우 조건자극이 이끌어내는 조건반응의 강도는 시간이 지남에 따라 약해지는 특성이 있으며 일정 시간이 지나면 아예 조건반응이 나타나지 않을 수 있다. 이러한 현상을 소거라 부른다.

소거는 학습된 내용이 사라지는 망각과는 다른 현상이다. 망각이 학습 후 시간의 경과에 따라 학습된 내용을 기억하지 못하게 되는 것이라면 소거는 조건자극이 더는 무조건자극과 동반하지 않는다는 새로운 규칙을 학습하는 것이다. 소거와 망각의 차이를 구분할 수 있게 해주는 현상이 바로 자발적 회복이다.

자발적 회복은 소거를 통해 더는 조건자극에 반응을 하지 않게 된 실험 대상에게 일정 시간이 지나 다시 조건자극을 제시하면 사라졌던 조건반응을 다시 보이는 현상을 말한다. 소거기간 동안 망각이 일어난 것이라면 시간이 지날수록 조건반응의 강도는 더욱 약해지게 될 것이다. 하지만 소거는 단순히 기존에 학습한 내용을 잊는 것이 아니라 오히려 기존의 학습내용을 저장하고 새로운 내용을 학습하는 보다 복잡한 학습과정으로 보인다.

파블로프의 개는 실험 당시에 들려준 벨소리와 음정이나 음량이 다른 소리에도 조건반응을 보였다. 이는 조건자극과 속성이 유사한 자극에도 조건반응이 나타나는 자극 일반화 현상이다. 일반화는 학습 당시의 자극과 속성이 유사할수록 쉽게 나타난다. 변별은 모든 자극에서 무조건자극이 동반되지는 않는다는 것을 학습하는 과정에 해당된다. 파블로프의 개는 실험실 문의 벨소리가 아닌 다른 소리들(비행기 지나는 소리, 소발자국 소리 등)은 고기가루를 의미하지 않는다는 사실을 학습할 수 있었다.

일반화와 변별 또한 유기체의 적응에 필수적이다. 독이 든 식물을 먹고 큰 고통을 당한 동물은 다시는 그 식물을 먹지 말아야 한다는 것을 배워야 하지만(일반화), 그렇다고 모든 음식을 먹지 않을 수 없으므로 독이 없는 음식을 구별(변별)할 수 있어야 한다.

파블로프의 고전적 조건형성은 심리치료에서 불안과 공포 반응을 치료하기 위한 기법으로 오래전부터 활용되어왔다. 실제로는 위험하지 않은 높은 건물(CS)에 올라가면 두려움(CR1)을 느끼는 고소공포증 환자에게 이완훈련을 통해 편안함(CR2)이라는 새로운 조건반응을 연합시켜주면, 공포반응(CR1)이 경감될 수 있다. 이러한 고전적 조건화를 이용한 심리치료는 불안장애뿐 아니라 중독 문제에도 널리 활용된다.

고전적 조건화가 적용된 예는 일상생활에서 쉽게 찾을 수 있다. 예를 들면, 패스트푸드 매장에 가면 만화영화 캐릭터들을 쉽게 만나볼 수 있다. 이는 패스트푸드 회사가 새로운 어린이용 햄버거의 판매를 늘리기 위해 어린이들에게 인기 있는 만화영화의 캐릭터를 햄버거와 연계하는 마케팅 전략을 사용하기 때문이다.

버러스 스키너

조작적 조건형성 – 당근(강화)과 채찍(처벌)을 통한 행동의 수정

유기체의 행동은 고전적 조건화 이론에서 설명하는 것처럼 선행자극으로만 통제되는 것은 아니다. 고전적 조건화는 기본적으로 자극과 반응 간 관계를 습득하는 과정이라고 할 수 있다. 그런데 우리는 연봉을 더 많이 보장해주는 직업을 가지고 싶어 하고 또 선망의 대상이 되는 명품을 구입하는 것을 선호한다. 우리는 행동이 어떤 결과를 가져오는지에 따라 그 행동의 빈도나 강도를 높일 것인가 낮출 것인가를 학습하기도 하는데 이를 버러스 스키너는 조작적 조건화(operant conditioning)라 불렀다. 여기서 '조작'이란 용어를 사용한 이유는 이 용어가 지칭하는 학습이 외부자극에 따라 유도되는 수동적 '반응'이 아니라 스스로의 의지로 환경에 변화를 가하는 능동적인 '행동'이기 때문이다.

스키너는 자신이 고안한 스키너상자를 이용해 유기체가 자신에게

버러스 스키너 Burrhus F. Skinner 1904~1990
버러스 스키너는 미국의 심리학자로서 스키너상자와 티칭머신을 고안한 것으로 유명하다. 그는 하버드대학교에서 박사학위를 취득했으며 하버드대학교 교수로 재직했다. 그는 고전적 조건형성 모델에서 인간을 단순히 기계적인 존재로 간주하는 것에 반대했으며 인간은 행동을 통해 스스로의 삶의 모습을 바꿀 수 있다고 믿었다. 주요 저서로는 『월든 투』(1948), 『자유와 존엄을 넘어서』(1971), 『나의 인생사』(1983) 등이 있다.

이익이 되는 방향의 행동을 습득할 수 있음을 증명했다. 스키너상자는 실험동물(쥐)이 들어가 특정 행동(스위치 누르기)을 할 경우 보상(먹이)을 받을 수 있도록 구성되었다.

스키너 이전에 심리학자들은 행동의 결과가 만족스러울 때에만 행동의 빈도가 증가한다고 믿었다. 하지만 만족이라는 용어는 지극히 주관적인 표현이다. 스키너는 행동의 결과를 설명하기 위해 보다 객관적인 개념을 도입했는데 그것이 바로 강화(reinforcement)와 처벌(punishment)이다. 강화는 특청 행동을 증가시키는 기능을 하며 처벌은 행동을 감소시키는 기능을 한다.

강화와 처벌은 다시 정적(positive)인 경우와 부적(negative)인 경우로 나눌 수 있다. 행동 다음에 뒤따르는 자극이 증가되는 경우를 정적 강화 혹은 정적 처벌이라 부른다. 예를 들면, 착한 일을 한 아이가 용돈을 받거나(정적 강화) 말썽을 피운 아이가 그만큼 매를 더 많이 맞는 것(정적 처벌)이 여기에 해당된다. 반면에 행동 뒤에 뒤따르는 자극이 감소되는 경우는 부적 강화 또는 부적 처벌이라 부른다. 예를 들면, 착한 일을 한 아이가 평소 싫어하던 화장실 청소를 면제받거나(부적 강화) 말썽을 피운 아이가 평소에 좋아하던 TV 시청을 일정시간 동안 제한받는 것(부적 처벌)이 여기에 해당된다. 이러한 설명 방식은 만족이라는 용어를 사용할 때보다 상대적으로 더 객관적이라는 장점이 있다.

자극이 제시된 이후 행동이 증가하면 강화이며 또 행동이 감소되면 처벌이 된다. 이 구분에서는 동물이 특정 자극에 만족하는지 여부는 중요하지 않다. 이러한 원리는 심리학 실험에서 다양하게 응용

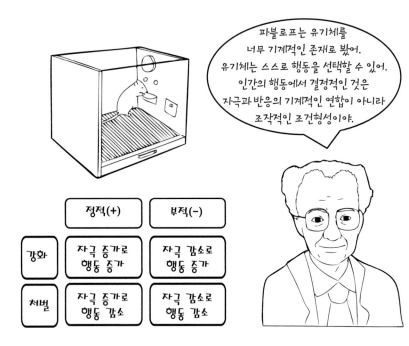

된다. 윤리적 문제 때문에 대부분의 치료기법은 인간에게 효과를 검증하기에 앞서서 동물실험을 실시하는데, 이때 학습이나 기억과 관련된 효과를 검증하는 과정에서 조작적 조건형성 기법이 널리 활용된다.

강화 절차를 이용한 학습 실험의 대표적인 예는 쥐가 스위치를 누르면 먹이를 얻는 스키너상자다. 이러한 절차를 통해 심리학자들은 실험동물이 얼마나 빠르게 새로운 행동을 습득하는지 연구한다. 이와는 반대로 처벌을 회피하는 행동을 실험에 응용하는 경우도 있는데 이를 회피훈련이라 부르며 이때에는 연구 중인 동물이 전기충격을 피하는 법을 학습하도록 하는 방식이 가장 보편적으로 사용되고 있다. 이러한 훈련 방식은 실험대상에게 가해지는 충격의 양을 실험자가 자유롭게 통제할 수 있다는 장점이 있다.

그런데 스키너상자 안에 있는 쥐가 처음부터 스위치를 누를 가능성은 매우 희박하다. 행동이 발생하는 빈도가 높아야 강화를 통해 그 행동이 학습될 수 있지만 이런 상황에서는 빠른 학습을 기대할 수 없다. 심지어 어떤 경우에는 실험동물이 학습을 하는 것 자체가 불가능하기도 하다. 이러한 문제를 해결하기 위해 사용하는 기법이 바로 조형(shaping)이다. 조형은 원하는 목표 행동을 단계적으로 강화시키는 기법이다. 스키너상자 안의 쥐가 처음부터 스위치를 누를 것을 기대하기보다는 단계적 목표를 세워 1) 스위치를 쳐다보기 2) 스위치 가까이에 가기 3) 스위치에 몸을 접촉하기와 같은 세부 목표를 세우고, 이 행동이 발생할 때마다 강화를 주는 것이다. 이처럼 조형의 과정을 이용하면 동물들이 자연적인 상황에서는 전혀 하지 않는 행동도 학습시킬 수 있다. 동물 조련사들이 동물에게 다양한 묘기를 학습시키는 원리가 바로 이런 조형이다.

조건화를 통해 학습된 행동이라 하더라도 더 이상 강화가 제시되지 않는다면 해당 행동의 빈도(혹은 강도)가 줄어들게 되며, 이런 상태가 지속될 경우 유기체는 더 이상 해당 행동을 하지 않게 된다. 이를 소거라 부르며, 고전적 조건화와 마찬가지로 이는 더 이상 이 행동과 강화가 연합되지 않는다는 새로운 규칙을 학습한 것이다.

스키너의 실험에서 실험동물은 행동을 할 때마다 강화를 얻는다. 이런 강화조건을 연속강화라 부르는데 사실 자연계에서 이러한 연속강화를 기대하기는 무척 어렵다. 아이가 아무리 날마다 자신의 책상을 깨끗하게 정리해도 엄마가 칭찬해주지 않는 날도 있기 마련이다. 또 강아지가 제아무리 꼬리를 흔들어대면서 주인을 반갑게 맞이해도 언제나 먹이를 얻는 것은 아니다. 이와 같이 자연계에서는 행동 중 오직 일부만이 강화를 받는 경우들이 많은데 이러한 강화조건을 부분강화라 부른다. 부분강화조건에서는 강화가 어떤 규칙으로 나타나는지를 뜻하는 강화계획이 행동의 발생 패턴을 결정한다.

강화계획은 강화가 시간을 기준으로 발생하는지 아니면 행동의 비율을 중심으로 발생하는지에 따라 간격강화계획과 비율강화계획으로 나뉘며 다시 이들은 기준이 일정한 고정계획과 기준이 계속 변화하는 가변계획으로 나뉜다. 강화계획 중에서 가장 강력하게 행동변화를 일으키는 것은 가변비율 강화계획이다.

가변비율 강화계획은 강화를 받기 위한 반응의 수가 변화무쌍하게 제시되는 경우를 말한다. 여기에서 유기체는 사실상 몇 번을 반응해야 강화를 얻을 수 있는지 알 방법이 없다. 알 수 있는 것은 단지 반응을 많이 할수록 강화를 받을 가능성이 높아진다는 것뿐이다. 이러한 강화계획에서 행동이 가장 급격하게 증가하게 된다.

가변비율 강화계획의 강력함은 인간이 왜 도박중독에서 벗어나기 힘든지를 설명해준다. 도박에서 돈을 딸 수 있는 시기를 예측하기는 사실상 불가능하다. 하지만 계속 시도하다 보면 한 번은 돈을 딸 수 있으므로(물론 그 도전이 몇 번이 될지는 아무도 모른다) 한 번 도전에서 잃은 돈은 처벌이 되기보다는 다음 대박이 다가오고 있다는 일종의 신호로 작용한다. 예를 들면, 5시간 동안 화장실도 가지 않고 슬롯머신을 200번이나 작동했지만 단 한 번도 돈을 따지 못한 도박중독자를 생각해보라. 도박장에서는 이 기계가 평균 150번에 한 번꼴로 대박이 터진다고 광고하고 있기 때문에, 이미 평균치보다 50번이나 돈을 더 잃었지만 이 사람은 도리어 자신이 대박에 더욱더 가까이 와 있다고 믿게 된다. 이런 상황에서 이 사람은 화장실도 가지 않고 밥도 먹지 않을 것이며 집에 갈 생각은 더더욱 하지 않게 된다. 자신이 잠시라도 자리를 비운 사이에 다른 사람이 잭팟을 터뜨릴지도 모른다고 생각할 테니 말이다.

사회적 관찰 학습 – 아동들의 부모 행동 따라하기

파블로프의 고전적 조건형성 및 스키너의 학습 이론에서는 유기체가 새로운 것을 학습하기 위해서는 특정 조건에서 일정한 경험을 반복해서 경험하는 것이 중요하며 그 과정에서 변화는 일반적으로 점진적인 과정을 거쳐서 나타나게 된다고 주장한다. 하지만 반두라는 이전에 개한테 공격을 받았던 적이 없는 아이들 대부분도 개를 무서워한다는 점에 주목했다. 추적 조사 결과, 개 공포증을 보이는 아동들의 경우 대체로 그 아동들의 부모들 역시 개를 무서워하는 경향이 있다는 것으로 나타났다. 이러한 점에 착안하여 반두라는 사회적 관찰학습 이론을 제안했다.

관찰학습이란 말 그대로 실제 경험 없이 단순히 관찰하는 것을 통해 학습이 이루어지는 것을 말한다. 이러한 관찰학습은 그 특성상 본질적으로 사회적인 학습인 동시에 대리적인 형태의 학습이기도

앨버트 반두라 Albert Bandura 1925~
앨버트 반두라는 보보인형 실험으로 유명한 캐나다의 심리학자이다. 캐나다 앨버타 지방에서 폴란드계 농부의 아들로 태어나 독학으로 고등학교 과정까지 공부한 후 브리티쉬 컬럼비아 대학에 진학한 후 아이오와 대학에서 박사학위를 취득했다. 스탠포드 대학 심리학과에서 교수로 재직했으며 주요 저서로는 『청소년의 공격성』(1959), 『행동수정의 원칙』(1969), 『공격성: 사회학습분석』(1973) 그리고 『사회학습이론』(1977) 등이 있다.

하다.

앨버트 반두라는 1950년대 중반, 자신의 지도 학생과 함께 유명한 '보보인형 실험(Bobo doll experiment)'을 진행했다. 보보인형은 인형의 아랫부분에 무게중심용 추가 달려 있는 풍선인형을 말하는데 바로 이 추 덕분에 보보인형은 아무리 넘어뜨려도 오뚝이처럼 다시 일어난다. 보보인형 실험의 내용은 비교적 단순하다. 실험 초기에 유치원에 다니는 아동들에게 단편영화를 한 편 보여준다. 그 영화 속에는 보보인형과 어른이 한 명 등장한다. 어른은 '사커루'라고 이상한 괴성을 지르면서 보보인형을 주먹과 발 그리고 장난감 망치로 마구 때리고 집어던지며 광분하는 모습을 보인다. 그 이후 아동들을 조금 전 영화에서 보았던 보보인형이 놓여 있는 놀이방에 데려다 놓는다. 그러면 앞서 어른들이 폭력적으로 행동하는 영화를 본 아이들은 그렇지 않은 아이들보다 다른 장난감을 가지고 노는 대신에 보보인형을 때리고 집어던지면서 노는 비율이 훨씬 더 높았다. 물론 상당수 아동들은 자신들이 목격한 어른들처럼 '사커루'라고 외쳤다. 이러한 실험 결과를 통해 반두라는 아이들이 단순히 영화에서 보보인형을 때리는 행동을 관찰한 것만으로도 폭력적인 행동을 학습한다는 것을 확인할 수 있었다.

이러한 실험 결과는 스키너와 같은 학습이론가들의 주장과는 달리 환경(자극)에 의해 우리의 행동이 전적으로 통제되거나 예측될 수 있는 것은 아니라는 점을 보여준다. 학습 과정에서는 환경의 영향뿐만 아니라 개인의 주도성도 중요한 역할을 한다고 할 수 있다. 사회적 관찰학습 이론에서는 학습 과정에서 관찰과 인지적 사고과정

아동의 학습은 보상과 처벌에 의해서만 나타나는 것이 아니라 단순히 어른의 행동을 관찰하는 것만으로도 나타날 수 있지.

을 중요하게 고려한다. 학습 과정에서는 환경의 보상이나 처벌뿐만 아니라 개인의 인지과정, 즉 개인이 사건을 지각하는 방식과 더불어 그 개인의 기대와 목표 그리고 능력 등이 중요하다. 이런 점에서 관찰학습은 개인이 직접 경험하지 않아도, 그리고 외부적인 강화를 받지 않은 상태에서도, 또 시행착오의 경험 없이도 가능하다. 이런 점에서 반두라는 학습이 완결되려면 다음의 조건이 충족되어야 한다고 주장했다.

첫째, 학습 내용에 대한 동기부여 과정이 필요하다. 반두라는 추

후에 행해진 실험에서 아동들에게 영화의 결말을 세 가지로 구분해서 보여주었다. 첫번째 집단에게는 보보인형을 때린 어른이 보상이나 처벌을 받는 과정 없이 퇴장하는 장면을 보여주었다. 두번째 집단에게는 보보인형을 때린 어른이 다른 어른들에게 상장과 칭찬을 받는 모습을 보여주었다. 세번째 집단에게는 보보인형을 때린 어른이 비난을 받는 모습을 보여주었다. 결과가 어땠을까? 예상할 수 있듯이 보보인형을 두들겨 팬 어른이 나중에 칭찬이나 상장을 받는 모습을 본 두번째 집단의 아동들이 직접 보보인형을 봤을 때 가장 적극적으로 보보인형을 때리는 모습을 나타냈다. 반면에 보보인형을 때리고 나서 비난을 받는 모습을 지켜본 세번째 집단의 아동들은 보보인형을 때리지 않았다. 그리고 첫번째 집단의 아동들은 두번째 및 세번째 집단과 비교했을 때 중간 수준의 폭력행동을 나타냈다.

둘째, 문제 상황에 충분한 주의를 기울여야 한다는 것이다. 다시 말해, 어떤 행동을 학습하기 위해서는 그러한 행동을 나타내는 사람을 주의 깊게 관찰할 필요가 있다. 그냥 생각 없이 바라보는 것이 아니라 주목해가면서 살펴봐야 하는 것이다.

셋째, 반드시 기억이 동반되어야 한다. 우리는 매일같이 수많은 일들을 겪지만 그중에서 기억의 저장고에 남는 것은 그다지 많지 않다. 하지만 기억의 형태가 의식적인 것이든 아니면 무의식적인 것이든지 간에 학습이 일어나기 위해서는 우리의 뇌 속에 과거 사건에 대한 정보가 담겨 있어야 한다.

넷째, 학습한 내용이 행동의 형태로 재현될 수 있어야 한다. 만약 우리가 제아무리 특정 행동을 열심히 관찰하고 기억하더라도 그렇게 기억한 내용을 현실에서 재현할 수 없다면 학습은 일어나기 힘들다. 반두라의 실험에서 보보인형을 때리는 장면을 본 아이들도 실제로 보보인형을 대면하기 전까지는 영화를 시청하지 않은 아이들과 사실상 별다른 행동 차이를 보이지 않았다. 왜냐하면 학습한 행동을 실천할 수 있는 기회가 주어지지 않았기 때문이다. 영화 속에서 스턴트맨이 제아무리 멋진 모습을 보여준다 할지라도 관찰자가 유사한 행동을 나타낼 수 있는 능력이 없다면 그렇게 따라하지 못하는 것과 마찬가지다. 기회가 없고 능력이 안 따라줄 경우 관찰학습은 일어나지 않는다.

인간 행동의 발달적 이해

•엘리노어 깁슨
시각절벽 실험 – 유아의 깊이지각 능력 측정하기

깊이지각은 인간의 생존에 필수적인 능력 중 하나이다. 깊이지각이
란 말 그대로 깊이, 즉 높고 낮음을 판단하는 것을 말한다. 만약 영아
가 깊이를 지각할 수 없다면 침대나 의자 위에서 그냥 뛰어 내려오
는 식으로 주변의 장애물에 적절하게 대처하지 못하게 되므로 생존
에 심각한 위협을 받을 것이다. 다행히도 인간의 뇌는 2차원 평면인
망막에 맺힌 영상을 처리하여 3차원의 입체적 세계로 재현해낼 수
있다. 그런데 이처럼 놀라운 인간의 지각 능력이 선천적인 것인지
아니면 후천적으로 경험을 통해 학습되는 것인지에 관해서는 오랫
동안 논쟁이 이어져왔다.

데카르트와 같은 생득론자들은 인간이 뇌에 선천적인 지각 능력
을 갖고 태어난다고 주장했다. 하지만 조지 버클리와 같은 경험론자

엘리노어 깁슨 Eleanor J. Gibson 1910~2002

엘리노어 깁슨은 시각 절벽에 관한 연구로 세계적인 명성을 얻은 발달 심리학자이다. 그녀는
예일대학교에서 1938년에 저명한 학습이론가인 클라크 헐(Clark Hull)의 문하에서 박사학위를 받았다.
그 후 1966년에 코넬대학교의 교수가 되었다. 1950년대와 1960년대에 행해진 그녀의 발달 연구는
지각적 학습과 지각적 발달 연구 영역에서 새로운 시대를 열었다. 그녀의 대표적인 저서 중 하나인
「지각적 학습과 발달의 원리(Principles of Perceptual Learning and Development)」라는 저서는 1969년에
세기의 심리학 상을 수상하기도 했다. 그 후 그녀의 연구 관심사는 아동의 읽기 학습이라는 주제로
옮겨갔다. 그녀는 이러한 학문적 업적을 인정받아 국립과학아카데미 그리고 국립교육아카데미의
회장을 역임했다.

들은 그러한 주장에 대해 인간의 지각 능력은 태어나고 나서 경험을 통해 학습된다고 반박했다.

깊이지각 능력을 확인할 수 있는 방법 중 하나는 벼랑에 갔을 때 어떤 반응을 보이는지를 살펴보는 것이다. 벼랑 위 혹은 높은 건물의 꼭대기에서 아래를 내려다볼 경우, 사람들은 떨어질까 봐 두려워 현기증을 느끼게 된다. 이러한 현상이 나타나는 이유는 우리가 자신이 서 있는 곳으로부터 아래 부분이 얼마나 멀리 떨어져 있는지를 지각할 수 있기 때문에, 즉 깊이를 지각하는 능력을 갖고 있기 때문이다.

엘리노어 깁슨과 동료들은 유아의 깊이지각 능력이 선천적으로 타고나는 것인지 여부를 확인하기 위해 시각절벽 장치를 만들어 실험을 진행했다. 시각절벽은 큰 유리책상으로 되어 있으며, 중간의 나무판을 경계로 하여 두 부분으로 구성되어 있다. 한쪽 부분은 유리판 바로 아래에 바둑판 무늬가 붙어 있어서 바닥이 바로 붙어 있는 것으로 보이고, 다른 한쪽 부분은 유리판에서 1미터 정도 아래에 위치하여 푹 꺼진 것처럼(즉 절벽처럼) 보인다.

엘리노어 깁슨과 동료들은 6개월에서 14개월에 이르는 30명의 유아들을 시각절벽 장치 위에 올려놓았다. 아기는 실험용 시각절벽 위의 가운데판에 놓였고 아기들의 엄마는 차례대로 절벽이 있는 방향과 절벽이 없는 방향에 각각 서서 아기를 불렀다. 아기들 중 대부분이 적어도 한 번은 절벽이 없는 방향으로 이동하여 엄마에게 기어왔다. 단지 극소수의 아기들만이 절벽인 것처럼 보이는 유리바닥을 건너서 엄마에게로 기어왔다. 대부분의 유아들은 엄마가 절벽이 있는

시각절벽 실험은 생후 6개월 된 아기도 깊이지각 능력이 있다는 것을 보여주지.

것처럼 보이는 방향에서 부를 때는 엄마에게 오지 않으려 했으며 그 과정에서 많은 아기들이 울었다. 절벽처럼 보이는 곳을 건너지 않고서는 엄마에게 기어갈 수가 없기 때문이었다. 이러한 실험 결과는 대부분의 유아들이 기어 다닐 수 있는 나이가 되자마자 곧바로 깊이를 지각할 수 있음을 보여준다.

태어난 지 얼마 안 되는 염소, 원숭이, 병아리 등의 동물들을 이러한 시각절벽의 가운데에 갖다 놓고 어느 쪽으로 움직이는지 살펴본 결과, 새끼 동물들은 절벽으로 보이는 곳을 피해서 움직이는 모습을 보여주었다. 이 결과는 태어난 지 얼마 안 되는 동물들도 깊이를 지각할 수 있고 또 절벽이 위험하다는 것을 안다는 점을 보여준다. 이러한 새끼 동물들의 경우, 살아남기 위해서는 지면의 높낮이를 파악하는 것이 매우 중요할 수밖에 없다. 이상의 결과들은 깊이를 지각하는 능력은 태어날 때부터 자연적으로 습득하고 있을 가능성을 시사해준다.

엘리노어 깁슨에 따르면, 아동기는 지각적 발견의 시기라고 할 수 있다. 아동은 다양한 얼굴, 공, 단어, 꽃, 곤충, 조개껍질 등을 구분하는 것을 배운다. 아동은 우리가 살고 있는 환경 속에 있는 신기한 물건과 사건들을 지각하고 탐색한다. 그런 발견은 그 자체로도 재미있는 것이지만 환경에 적응하는 데도 꼭 필요한 것이다. 인간은 대상을 이해하고 사용하는 것을 배우기 위해서는 그 대상을 정확히 지각해야만 한다. 적응을 위한 지각의 중요성을 인식한 엘리노어 깁슨은 그 이전까지 이론가들이 간과했던 중요한 문제를 다루었다. 바로 아동이 세계를 지각하는 법을 어떻게 학습하는가 하는 문제다. 이러한 질문에 대한 그녀의 대답은 아동이 세계 속에서 대상, 사건 및 장소를 구체화하는 정보를 탐지하는 방법을 배운다는 것이다. 그녀에 따르면, 아동은 지각 과정에서 정보를 첨가하는 것이 아니라 분화시킨다. 이런 점에서 엘리노어 깁슨은 지각 과정이 그 자체로 풍부하고 복잡하며 타당한 것으로 보았다.

엘리노어 깁슨의 지각 이론은 심리학 연구자들이 실험실을 넘어 현실 세계로 나아가는 데 크게 기여했다. 최근의 발달심리학자들은 아동을 대상으로 한 연구가 동물생태학적 타당성을 갖춰야 한다고 주장하고 있다. 그렇지만 엘리노어 깁슨은 이미 반세기 전부터 동물생태학적 타당성을 갖춘 심리학 연구에 관심을 갖고 있었다. 그녀는 실험실에서의 불빛 같은 무의미한 짧은 자극 대신에 의미 있는 자극(패턴, 대상, 사건 같은 것들)에 대한 지각을 연구했다.

엘리노어 깁슨의 이론이 지각적 발달 분야에서 가장 유명한 이론 중 하나이기는 하지만 그 분야에서 지배적인 위치에 있는 연구는 아니다. 그 이유 중 하나는 엘리노어 깁슨의 이론이 같은 분야의 다른 이론들보다는 목표가 덜 야심찼기 때문이다. 다시 말해, 그녀는 자신의 연구를 오직 한 가지 영역, 즉 지각적 학습과 발달에만 국한시켰다. 이런 점에서 엘리노어 깁슨의 지각적 발달이론은 피아제나 프로이트의 이론처럼 많은 것을 포괄하여 설명하는 거대하거나 광범위한 이론은 아니라고 할 수 있다. 하지만 그녀는 적어도 지각의 발달이라는 영역 내에서는 다양한 현상들을 통합적으로 설명해줄 수 있는 단일한 원칙을 발견하고자 노력했고 그러한 그녀의 노력은 오늘날까지도 높은 평가를 받고 있다.

인지발달 – 아동과 어른의 사고방식이 다른 이유

장 피아제는 아동 인지발달 분야의 대표적인 심리학자이다. 피아제의 인지발달 이론은 많은 후속 연구결과들로 일부 수정이 필요하긴 하지만 여전히 가장 영향력 있는 이론 중 하나이다.

피아제는 스스로 아동들을 대상으로 반세기 동안 진행한 관찰을 통해 생득적 요인인 성숙과 더불어 물리적 경험, 사회적 관계 등의 환경적 요인이 상호 작용하여 인간의 발달에 영향을 끼친다고 보았다. 나아가 인간에게는 이러한 요인들을 적합한 방식으로 통합, 조정, 재구성하는 능동적인 내적 능력이 있는데 이것을 도식(schema)이라고 명명했다. 그에 따르면, 이러한 도식이 아동 인지발달의 핵심이다. 아동이 새로운 경험을 분류하고 또 조직화하는 도식은 동화와 조절이라는 두 가지 과정을 통해 발달한다.

동화(assimilation)는 새로운 경험을 이와 유사한 기존의 도식에 흡

장 피아제 Jean Piaget 1896~1980
장 피아제는 스위스의 심리학자로, 어린이의 정신발달 특히 논리적 사고의 발달에 관한 연구를 수행하여 세계적인 명성을 얻었다. 그는 생물학 박사학위를 받은 후 루소 연구소의 부속 유치원에서 주로 아동들을 대상으로 관찰 연구를 수행했다. 그가 제안한 아동의 발생적 인식론에 기초한 사고 모델은 세계 각국의 유아 및 아동의 교육을 위한 커리큘럼 개혁에 큰 영향을 주었다. 주요 저서로는 『아동의 언어와 사고』(1926), 『지능의 심리학』(1947) 등이 있다.

수하고 통합하는 과정을 말하며, 조절(accomodation)은 기존의 도식과는 다른 새로운 경험을 통해 자신의 도식 자체를 적절히 수정하여 재구성해내는 과정을 말한다. 예를 들어, '날개가 있고 하늘을 나는 것'은 모두 '새'라고 믿는 아이가 있다고 하자. 그 아이가 오리나 닭을 생전 처음 본다면 어떻게 반응을 할까? 오리와 닭을 '새'의 도식에 포함시키기 위해서는 그 아이가 지니고 있는 '새'에 대한 기존의 도식을 수정 및 변형시켜야 한다. 그런 과정을 통해 다른 새들처럼 날지는 못 하더라도 닭이나 오리도 '새'라고 인식하게 된다. 또 '비행기'를 처음 본 경우에는 '새'에 대한 이전 도식을 수정해 비행기는 하늘을 날더라도 '새'의 도식에 포함시키지 않게 되며 비행기라는 사물에 대한 새로운 도식을 형성해나간다. 이처럼 도식에 대한 동화와 조절 과정을 통해 인간은 환경에 적응하며 살아갈 수 있다.

피아제는 인간의 인지 구조는 다음의 다섯 단계를 거쳐 발달하며 각 단계에는 이전 단계와는 질적으로 구별되는 특수한 사고 기능과 특징이 존재한다고 주장했다. 이를 토대로 피아제는 인지발달단계 이론을 세웠다.

출생 후부터 만 2세경까지는 감각운동단계(sensorimotor stage)로 분류된다. 이 시기 유아의 지적 능력은 빨기, 잡기 등 기본적인 반사와 관련되어 있다. 울기, 젖 빨기, 손가락 빨기, 삼키기 등의 기본적인 반사 반응 외에도 손에 잡힌 것을 들여다보거나 입에 넣는 등 감각-운동 협응을 통해 대상을 파악하고 세계를 받아들인다. 아기가 우연히 잡은 방울을 흔들면 딸랑딸랑 소리가 날 것이다. 그렇게 계속해서 방울을 흔들다보면 운동과 소리(청각)의 연관성을 파악하게 된다.

6개월 이전의 유아는 눈에 보이지는 않더라도 대상이 항상 존재한다는 자각이 없다. 하지만 생후 8개월 정도부터는 장난감을 유아에게 보여준 뒤 보자기로 덮어놓으면 유아는 장난감을 찾으려고 보자기를 치운다. 사물이 눈에 보이지 않더라도 존재할 수 있다는 것을 이해하는 능력이 생기기 때문인데, 이것을 대상 영속성(object permanence)이라고 한다. 대상 영속성의 개념이 있다는 것은 영아가 더 이상 감각과 운동에 의존해서 대상을 인식하는 것이 아니라 내적 표상의 형태로 대상을 파악하고 기억하는 능력을 얻게 되었음을 의미한다. 이는 다음 단계인 전 조작 단계로 발전해나가는 데 필수적인 능력이다.

피아제는 특정 시기에 도달해야 대상 영속성이 획득되는 것으로 보았지만, 최근의 연구자들은 대상 영속성이 어느 순간 획득된다기보다 그 이전의 시기부터 점진적, 연속적으로 발달한다고 본다. 예를 들어, 생후 8개월보다 더 어린 유아도 1초 전에 장난감을 감춘 장소에 시선을 둔 채 장난감을 찾으려고 하며 제시된 대상을 제거 혹은 첨가해 다시 보여주었을 때에는 유아의 시선 응시 시간이 더 길어지는 것으로 알려져 있다.

피아제에 의하면, 2세~7세경인 취학 전 아동의 인지발달은 전 조작 단계(preoccupational stage)에 속한다. 이 시기의 아동은 정신적 조작을 수행할 만한 인지 기능을 발달시키지 못한 상태다. 피아제의 주장에 따르면, 취학 전 아동은 형태가 변하더라도 대상이 바뀌지 않는 한 무게, 부피, 그리고 수와 같은 속성은 일정하게 유지된다는 보존의 개념이 부족하다. 예를 들어, 길고 좁은 컵에 담긴 우유가 넘칠 것 같아 낮고 넓은 그릇에 옮겨 담으면, 우유의 양이 줄어들었다고 잘못 생각하는 식이다. 컵의 높이라는 한 가지 차원에 집착해 넓이라는 다른 차원을 고려하지 못하기 때문이다.

또 취학 전 아동들은 대상을 타인의 관점에서 인식하지 못하며 자아 중심적인 사고를 보인다. 아동은 해와 달이 자신을 따라온다고 생각하며 엄마에게 자기가 좋아하는 과자나 인형을 선물한다. 그러나 이후 연구자들은 3~4세의 유아들도 익숙한 상황에서는 자신과 다른 관점을 수용하고 이해하는 것이 가능하다고 보고하고 있다.

전 조작 단계에서는 정신적 조작이 어렵다고는 하지만, 외부의 대상이나 경험을 표현하기 위해 단어 및 언어와 같은 상징체계를 사용할 수는 있다. 강아지가 현재 눈에 보이지 않을 때나 혹은 자신이 아는 것과 다른 종류의 강아지를 봤을 때도 '강아지'라는 단어를 사용하는 것이 그 예이다. 또 소꿉놀이, 병원놀이, 기차놀이와 같이 이 시기에 보이는 가상 놀이 역시 상징화된 행동 중 하나이다. 어느 문화권에서이든 이 시기의 아동들에게 가상 놀이가 보편적으로 나타난다는 점에서 이는 유전적으로 프로그래밍되어 있는 듯하다. 가상 놀이는 상상력과 창의력을 발달시키는 수단이 되며, 사회성과 사회인지 능력의 발달을 촉진시킬 수 있다는 점에서 중요하다. 이런 역할놀이를 통해 아동은 자신과 타인을 구분하고, 타인의 입장을 공감하고 이해하는 중요한 경험을 하게 된다.

전 조작 단계에서는 아직 자아 중심적인 사고를 보이기는 하지만 사람 각자에게 마음이 있다고 생각하며 타인의 정신 상태를 추리할 수 있는 능력을 서서히 형성하기 시작하는데, 이를 마음이론(theory of mind)이라고 한다. 이 시기의 아동은 동생이 어떤 상황에서는 장난감을 빼앗으려 하고 어떤 상황에서는 같이 가지고 노는지, 자신이 어떤 행동을 하면 부모가 좋아하는지를 이해하고자 한다. 즉, 타인의 관점에 서서 생각할 수 있는 능력이 생기기 시작하는 것이다. 이에 반해 자폐증을 비롯한 광범위성 발달 장애 아동은 다른 사람의 사고와 감정을 추리하는 데 장애를 겪는다.

아동의 연령이 만 6세~7세경이 되면 인지발달이 구체적 조작단계 (concrete operational stage)의 수준에 들어선다. 구체적 조작기의 가장 두드러진 특징은 아동이 본격적으로 논리적 사고를 한다는 것이다. 현실 차원의 언어를 사용해오던 이전 단계와는 달리 이 시기에는 언어를 통해 논리를 전개시킬 수가 있으며, 수학이나 과학에 대한 이해 능력이 생기기 시작한다. 이러한 논리적 조작 능력의 발달에 필요한 대표적인 인지 능력으로 보존 개념을 들 수 있다. 이 시기의 아동은 구체적인 자료가 있다면, 보존의 개념을 이해할 수 있다. 전 조작 단계에서와는 달리 높이, 넓이 등 여러 개의 차원을 동시에 융통성 있게 고려하기 때문이다. 이러한 보존의 개념은 부피, 질량, 무게뿐만 아니라 수와 같은 속성에 대해서도 형성된다. 예를 들어, 여섯 살짜리 아동은 '7+4=11'이라는 덧셈식과 '11-4=7'이라는 뺄셈식을 서로 다른 것으로 이해하지만 여덟 살짜리 아동은 덧셈식의 역산으로서 뺄셈식을 이해할 수 있다.

만 12세 정도가 된 아동들의 추리 능력은 실제 경험에 기초한 구체적인 수준에서부터 상상이나 상징을 이용한 추상적 수준까지 포괄한다. 피아제는 연역적 사고에 기초한 논리적 사고의 전개, 체계

아이들이 동일한 크기의 두 컵(A와 B)에 담긴 우유의 양이 같다는 것을 알지만(좌), B의 우유를 그대로 넓은 컵(B')에 옮겨 담았을 때 양이 줄어들었다고 생각하는 것은 보존의 개념이 발달되지 않아서지.

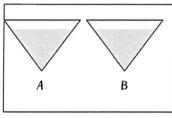

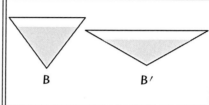

적 추리 능력을 형식적 조작 사고(formal operational thinking)라고 불렀으며, 청소년기에 완성된다고 보았다. 그러나 사실 형식적 조작 사고의 기원은 피아제가 생각했던 것보다 앞선다.

분명 피아제의 이론은 상당한 신뢰도가 있으며 학계 및 교육 장면에 상당한 영향력을 미쳤지만 오늘날 연구자들은 인간의 발달이 그가 가정했던 것보다는 더 연속적이라고 생각한다. 또 피아제가 제안한 각 유형의 사고가 그가 추론했던 것보다 더 이른 시기에 발달하기시작한다는 것을 발견했다.

해리 할로우
애착 – 스킨십과 터치의 중요성

오랫동안 발달심리학자들은 유아가 영양분의 욕구를 만족시켜주는
사람에게 애착을 형성하게 된다고 추론해왔다. 하지만 1950년 위스
콘신대학교의 심리학자인 해리 할로우와 그의 부인인 마가렛 할로
우는 새끼 원숭이를 대상으로 한 실험을 통해 그와 같은 추론에 반
론을 제기했다. 할로우 부부는 스킨십과 터치에 관한 원숭이 실험으
로 전세계 사람들을 놀라게 했다. 그들은 원숭이 연구를 통해 영양
분의 공급보다는 정서적인 안정감을 주는 터치가 동물에게 더 중요
하다는 점을 밝혀냈다.

　할로우 부부는 두 어미 인형을 가지고 원숭이를 양육하는 실험을
진행했다. 한 인형은 나무 머리에 몸통을 철사로 만들었으며, 다른
하나는 고무로 돼 있으며 부드러운 천으로 몸이 덮여 있었다. 할로
우 부부는 이런 모형 어미 원숭이를 각각 두 개씩 만든 뒤, 두 개의

해리 할로우Harry Harlow 1905~1981
해리 할로우는 '헝겊엄마, 철사엄마' 실험을 통해 접촉 위안의 중요성을 밝혀낸 미국의
심리학자다. 그는 1930년에 스탠포드대학교에서 박사학위를 받은 뒤 바로 위스콘신대학교의
교수직에 임용되었다. 그는 붉은털원숭이를 대상으로 어미와의 분리와 사회적 고립 실험을
진행함으로써 건강한 정서적, 인지적, 사회적 발달에 접촉 위안이 중요하다는 사실을 밝혀냈다.
주요 저서로는 『사랑의 천성』(1958), 『원숭이들의 사회적 고립의 총체』(1965) 등이 있다.

우리에 한 쌍씩 나누어 넣었다. 그리고 이 두 우리에 각각 4마리의 새끼 원숭이들을 넣었다.

첫번째 우리에서는 부드러운 천으로 된 어미 원숭이에게 가면 우유가 나오고, 철사로 만든 어미 원숭이한테서는 우유가 나오지 않게 했다. 두번째 우리는 정반대로 했다. 부드러운 천으로 된 어미 원숭이한테서는 우유가 나오지 않고 철사로 된 어미 원숭이한테서만 우유가 나오도록 한 것이다.

실험 결과, 새끼 원숭이들은 한결같이 부드러운 천으로 된 어미 원숭이를 더 좋아했다. 흥미로운 것은 두번째 우리인데, 새끼 원숭이들은 우유가 나오는 철사 원숭이한테는 가지도 않고 거의 하루 종일 부드러운 천으로 된 어미 원숭이에게만 매달려 놀며 대부분의 시간을 보냈다. 그러다가 배가 고프면 잠깐 철사로 만든 어미 원숭이에게 가서 우유만 먹고는 얼른 다시 천으로 된 어미 원숭이 품에 안겼다.

뒤이어 할로우는 새끼 원숭이들을 대상으로 공포 반응도 조사했다. 새끼가 있는 우리 안에 무섭게 생긴 모형물을 갑자기 집어넣어 공포 상황을 만든 뒤 새끼 원숭이들이 어떤 반응을 보이는지 실험한 것이다. 그 결과 새끼 원숭이들은 한결같이 철사 원숭이는 쳐다보지도 않고 곧바로 천으로 된 어미 원숭이에게 달려가 바짝 몸을 붙이고 비비면서 마음의 안정을 얻으려고 했다.

할로우는 이번에는 우리에서 천으로 된 어미 원숭이를 아예 없애 버렸다. 그런 다음 새끼 원숭이들에게 공포 자극을 주었다. 할로우는 새끼 원숭이들이 철사로 된 어미 원숭이에게 달려갈 거라고 생각했

어린 원숭이들은 먹이만 주는 철사어미보다는 따뜻함을 주는 헝겊어미를 더 좋아해. 사람도 마찬가지지.

다. 하지만 놀랍게도 새끼 원숭이들은 철사 어미 원숭이는 쳐다보지도 않고 곧바로 구석으로 달려가서는 몸을 바짝 움츠렸다. 그리고는 두려움에 떨면서 위축된 모습으로 손가락을 빠는 등의 불안 행동을 했다.

이 실험은 동물이 불안하고 공포가 느껴지는 상황에서 스킨십 또는 터치할 대상이 없어지면 자기 자신을 터치하는 행동을 하게 된다는 것을 보여준다. 곧 불안감을 낮춰줄 스킨십 또는 터치의 대상이 없기 때문에 자기 자신의 몸을 터치해서라도 마음의 안정을 얻으려 하는 것이다. 심리학에서는 이러한 행동을 셀프 터치라고 부른다.

예를 들면, 아이들이 손가락을 빤다든가 혼자 팔짱을 낀다든지 또는 머리카락을 계속 만지작거리거나 손으로 턱을 괴는 행동을 보이는 것 역시 부지불식간에 셀프 터치를 통해 마음의 안정을 얻으려 시도하는 것으로 해석할 수 있다.

실제로 이 실험에서도 모형 어미 원숭이와 함께 생활한 새끼 원숭이들은 다른 원숭이들에 비해 자신의 몸을 껴안는 식의 셀프 터치 패턴을 더욱 발전시켜나갔다. 이것은 천으로 만든 모형 어미가 새끼가 몸을 비빌 수 있을 정도로는 부드러웠을지라도, 직접 새끼를 안아줄 수는 없었기 때문이다. 결국 이들 새끼 원숭이들은 어른 원숭이가 되어서도 비정상적인 성적 행동을 보이고 새끼를 잘 돌보지 못했다.

왜 새끼 원숭이는 공포 상황에서 철사 어미 원숭이에게 가지 않았을까? 불안한 상황에서 혼자 있기보다는 비록 따뜻하진 않아도 누군가에게 의지하는 것이 더 나을 듯하지만 새끼 원숭이들은 그렇게 하지 않았다. 차갑긴 해도 생명을 위해 꼭 필요한 우유가 나오는 어미 원숭이가 있었는데도 새끼 원숭이들은 혼자 외로이 남는 것을 선택한 것이다. 이러한 점은 새끼 원숭이가 부드럽고 따뜻한 부모 그리고 토닥거려주는 대상에게 애착을 형성한다는 점을 보여준다.

애착을 형성하는 데 주요한 또 다른 요인은 친숙성이다. 동물들에게는 대개 출생 직후에 적절한 발달을 위해서 특정한 사건이 발생해야만 하는 최적의 시기, 즉 결정적 시기가 있다. 새끼 오리나 거위 등은 부화하고 나서 최초로 본 움직이는 대상을 어미가 간주하여 그 대상만을 따라다니게 되는 각인(inprinting)이라는 경직된 애착 형성

과정을 겪는다. 하지만 아동은 새끼 오리처럼 각인되지 않는다. 아동은 반복적으로 접하면서 친숙해진 대상에게 애착을 형성하는데, 자주 접한다는 것은 안전하다는 신호가 되기 때문이다.

로렌스 콜버그
하인츠의 딜레마 – 아동의 도덕 발달 과정

로렌스 콜버그는 시카고대학교 대학원생이었던 시절, 피아제의 발달이론을 도덕발달 영역에 적용했다. 그 결과, 그의 이론은 오늘날까지도 도덕발달에 관한 가장 영향력 있는 이론 중 하나로 평가받고 있다.

장 피아제는 도덕적 사고(moral reasoning)와 도덕성(morality)이 일정한 단계를 거쳐 나타난다고 주장했다. 콜버그는 피아제의 단계별 도덕성 발달 개념을 가져와서 도덕적 사고가 모두 여섯 가지 단계를 거치며 발달한다는 이론을 세웠다. 그는 개인이 도덕적 딜레마 상황에 처하면 어떻게 반응하고 또 그러한 자신의 행동을 어떻게 정당화하는가를 통해 도덕발달 수준을 평가할 수 있다고 보았다.

콜버그는 1958년 도덕발달 수준을 측정하기 위한 도덕 판단 인터뷰를 개발하여 자신의 박사학위 논문에 제시했다. 이 방법은 연구

로렌스 콜버그 Lawrence Kohlberg 1927~1987
로렌스 콜버그는 장 피아제의 인지발달 이론에 영향을 받아 도덕성 발달에 대한 이론을 제시한 미국의 심리학자다. 그는 시카고대학교에서 박사학위를 취득한 후 예일대학교 교수를 거쳐 하버드대학교의 교수가 되었으며 하버드대학교의 도덕교육센터 소장으로 취임했다. 주요 저서로는 『정의를 위한 교육: 플라톤 견해에 따른 현대적 진술』(1970), 『인성의 도덕 발달 단계: 도덕 학습의 기초』(1971), 『도덕 발달의 의미와 측정』(1979) 등이 있다.

아동의 도덕 발달은 3단계로 구분할 수 있어. 중요한 것은 어떤 행동에 대해 좋다거나 나쁘다고 판단하는 것이 아니라 왜 그렇게 판단하는가 하는 점이야.

아동의 도덕 발달 단계

전 관습적 단계

관습적 단계

후 관습적 단계

참여자에게 하인츠 딜레마와 같은 도덕적 딜레마를 제시하고서 무엇이 옳은 행동인지, 그리고 왜 그러한 행동이 옳거나 그르다고 판단하는지 등을 인터뷰 방식으로 질문한다. 이때 도덕적 딜레마에 대한 답변이 맞고 틀렸는지는 그리 중요하지 않으며, 응답자가 왜 그렇게 생각하는지에 대한 도덕적 추론의 근거가 더 중요한 가치를 갖는다.

콜버그는 10세부터 16세 사이 나이대의 소년 72명에게 도덕적 딜레마 상황을 제시하여 각 상황에서 이야기 주인공의 행동에 대해 어떻게 생각하며 그 이유가 무엇인지를 물어 이를 바탕으로 도덕발달 단계를 평가하는 방법을 제안했다. 하인츠의 딜레마 상황은 다음과 같다.

　어느 마을에서 한 부인이 희귀암으로 죽어가고 있었다. 의사가 보기에 그 부인을 구할 수 있는 약은 딱 하나밖에 없었다. 그 약은 최근에 같은 마을의 약사가 개발한 약으로 일종의 라듐으로 만든 것이었다. 약을 만드는 데도 비용이 많이 들었지만 약사는 약을 만드는 비용의 10배를 약값으로 매겼다. 그래서 라듐의 값은 200달러였지만 그 약값은 2000달러였다. 하인츠는 그 죽어가는 부인의 남편으로 자기가 아는 사람들을 모두 찾아가 돈을 빌렸지만, 약값의 절반인 1000달러 정도밖에 구할 수 없었다. 그는 약사에게 아내가 죽어가고 있다고 말하고, 약을 좀 싼값에 팔든지 아니면 모자라는 돈은 뒤에 갚도록 해달라고 간청했다. 그러나 약사는 "안 됩니다. 나는 이 약을 만들었고 이 약으로 돈을 좀 벌어야겠습니다"라고 차갑게 말했다. 하인츠는 절망에 빠진 나머지, 약사의 가게에 침입해 아내를 구할 그 약을 훔치고 말았다.

　콜버그는 하인츠의 딜레마 상황에 대한 답변 내용에 기초해, 응답한 사람들의 도덕발달 수준을 3가지 수준으로 구분했다.

　첫번째 단계인 전(前) 관습적 수준에서 아동들은 "약국 주인에게 큰 해를 끼치는 것도 아니고 약값은 나중에 갚을 수도 있다. 아내를 살리려면 훔치는 수밖에 없었다"고 답하거나 "약사가 돈을 받고 약을 파는 것은 당연한 일이다. 약국도 장사니까 이익을 내야만 한다"는 식의 답변을 내놓는다. 이러한 도덕발달 수준에서는 관습과는 무관한 기준으로 하인츠의 행동을 평가한다.

　두번째 단계인 관습적 수준에서 아동들은 "사람이 죽어가는 데도 약을 주지 않은 것은 약사의 잘못이다. 아내를 살리는 것은 하인츠의 의무이다. 그러나 약값은 반드시 갚아야 하고 훔친 데 대한 처벌도 받아야 한다"고 대답하거나 혹은 "아내를 살리려는 것은 당연하지만 그래도 훔치는 것은 나쁘다. 감정이나 상황과는 상관없이 규칙은 항상 지켜야 하기 때문이다"는 식의 답변을 내놓는다. 이러한 도덕발달 수준에서는 하인츠의 행동을 좋게 평가하든 아니면 나쁘게 평가하든지 간에 관습이 주요한 평가 기준이 된다.

세번째로 후(後) 관습적 수준에서 아동들은 "법을 지키는 것과 생명을 구하는 것 사이에서 선택해야 한다면 약을 훔치더라도 생명을 구하는 것이 더 중요하다"고 답하거나 또는 "암은 많이 발생하고 약은 귀하니 필요한 모든 사람에게 약이 다 돌아가기는 어렵다. 이런 경우 모든 사람에게 보편적으로 적용할 수 있는 행동을 해야 한다. 따라서 개인의 감정이나 법에 따라 행동할 것이 아니라 한 인간으로서 무엇이 이성적인 판단인가를 고민해야 한다"는 식의 대답을 한다. 이러한 도덕발달 수준에서는 하인츠의 행동을 좋게 평가하든 아니면 나쁘게 평가하든지 간에 보편적인 윤리적 원칙이 주요한 평가 기준이 된다.

콜버그의 도덕 발달의 순서는 대체로 사람들에게 동일하게 나타나지만 최종적으로 도달하는 단계는 사람들마다 다를 수 있다. 콜버그 이론의 영향력은 매우 큰 편이지만 연구자들은 최고의 도덕성 단계인 후(後) 관습적 단계는 서양의 개인주의적 문화에서는 보편적일 수 있는 반면 개인보다는 자신이 속한 집단이나 다수의 권리를 중요시하는 동양의 집단주의적 문화에서는 잘 맞지 않을 수 있다는 평가를 하기도 한다. 또 주로 소년들의 반응을 주된 분석 대상으로 삼음으로써 여성의 반응이 이론적 설명 과정에서 배제되었다는 점 등이 한계로 지적받고 있다.

조지 베일런트

적응기제 – 인생의 성공과 실패의 비밀

1938년 미국의 하버드대학교에서는 전인미답의 기념비적인 심리학 연구가 시작되었다. '그랜트 스터디'라는 이름의 이 연구는 오랫동안 베일에 가려져 있던 삶의 진실이 저절로 제 모습을 드러내게 될 때까지 실제 인간의 삶을 약 70년 이상 추적 조사했다. 그랜트 스터디의 연구책임자는 하버드대학교의 조지 베일런트 박사였다.

1938년에 하버드대학교 보건소의 알리 보크(Arlie Bock) 박사와 클라크 히스(Clark Heath) 박사는 성공적인 삶의 비결을 탐구하기 위해서 하버드대학교 학생들의 자료를 수집하기 시작했다. 이 연구는 자선사업가 윌리엄 그랜트(William T. Grant)의 후원으로 이루어졌기 때문에 그랜트 스터디라 불리게 되었다.

인간의 삶에 대한 과학적인 연구로서 그랜트 스터디는 매우 독특

조지 베일런트 Geoge E. Vaillant 1934~

조지 베일런트는 미국의 정신과 전문의로 심리적 방어기제에 대한 경험적 연구와 성인발달 연구를 진행해왔으며 최근에는 성공적인 나이듦에 대해 연구하고 있다. 베일런트는 하버드 의대를 졸업했고, 지난 35년간 하버드대학교 성인발달연구의 총 책임자로 있으며 남녀 824명의 삶을 60년간 추적하는 세계 최장기 종단연구를 진행했다. 그는 현재 하버드대학교 의과대학 교수이며, 보스턴 브리검 여성병원 정신의학분과 연구소장으로 재직 중이다. 주요 저서로는 「성공적 삶의 심리학」(1977), 「방어의 매커니즘: 임상가와 연구자를 위한 가이드」(1992), 「자아의 지혜」(1993), 「행복의 조건」(2002), 「영성의 진화」(2008) 등이 있다.

한 특징을 가지고 있다. 그것은 세계적인 명문대학교의 학생들 중에서도 가장 우수하다고 여겨지는 학생들을 선발한 다음에, 그들의 실제 삶에 대한 장기-종단적인 연구를 수행했다는 점이다.

연구에서는 하버드 대학생들 중에서도 특히 신체적으로나 정신적으로 건강한 학생 268명을 선발하여 대학 졸업 후의 삶을 70년 이상 추적 조사했다. 그 결과 예상대로 연구대상자들은 정계, 법조계, 경제계, 학계, 언론계 등 사회의 거의 대부분의 영역에서 발군의 실력을 발휘했다. 하지만 모든 연구대상자들이 성공적인 삶을 산 것은 아니었다.

그랜트 스터디 결과, 연구대상자들 중 약 30%는 실제로 누가 보더라도 명백히 성공적인 삶을 살아간 반면에 그중 약 30%는 놀랍게도 부적응적인 삶을 살았던 것으로 나타났다. 30%나 실패한 삶을 살게 되었다는 사실은 그랜트 스터디 연구진들에게 매우 커다란 충격을 주었다. 왜냐하면 선발 당시에 이들은 비록 각자 성취하고자 하는 목표는 달라도, 어느 방면에서든지 자신들이 원하는 목표를 못 이루는 것이 이상해 보일 정도로 장래가 촉망되는 학생들이었기 때문이다.

그랜트 스터디에 참여한 연구 대상자는 모두 능력 면에서 탁월한 사람들이었다. 기본적으로 최고의 명문대생이었을 뿐 아니라, 같은 하버드대학교 동기생들보다도 더 많이 우등으로 졸업하고 대학원에 진학했다. 게다가 그랜트 스터디 대상자들이 단순히 지적인 영역에서만 뛰어난 능력을 발휘한 것은 아니었다. 제2차 세계대전 동안, 그랜트 스터디 대상자들 역시 동년배들과 마찬가지로 참전하게 되었다. 이들은 평균적인 입대 대상자에 비해 신체검사에서의 탈락률이 7분의 1 수준에 불과했다. 그리고 사상자 비율 면에서는 동년배들과 차이가 없었음에도 불구하고, 즉 위험한 전투상황에 비슷한 수준으로 처했음에도 불구하고, 현기증과 구역질 그리고 겁에 질려 벌벌 떠는 것 등의 부적응 증상들을 훨씬 적게 나타냈다. 또한 이들 중 오직 10%만이 장교로 입대했지만, 군에서 제대할 무렵에는 이들 중 70%가 수훈을 인정받아 장교로 승진해 있었다. 이들의 근무평가서를 보면, 직속상관인 부대장들 중 93%가 이들을 자기 휘하에 두고자 희망한다고 보고했다. 뿐만 아니라 이들은 전쟁 후 다시 정상적인 생활로 복귀하는 데 있어서도 동년배들보다 월등히 높은 적응력을 나타냈다. 이러한 참전 기록들은 그랜트 스터디 대상자들이 단지 학벌만 좋을 뿐인 문약한 사람들이 아니라는 점을 분명히 보여주었다. 이들이 인생에 실패를 한다면 그 이유는 신체적 정신적 능력이 부족해서가 결코 아닌 것이다.

그랜트 스터디 대상자들 모두가 경제적으로 부유한 명망가의 가정에서 축복받으며 자란 것은 아니었다. 하지만 적어도 향후 이들의 삶에서 사회경제적인 약점이 걸림돌로 작용하지는 않을 것으로 확신할 수 있는 학생들만을 선발했다. 예컨대, 일부 학생은 경제적으로 매우 가난한 가정 출신이긴 했지만, 이들은 자신의 부모가 감당해낼 수 없는 학비를 장학금을 통해 지원받거나 스스로 학비를 벌었다. 따라서 이들은 가난하기는 해도 학업이 중단되지는 않을 학생들이었다.

그렇다면, 그랜트 스터디 대상자들 중 30%는 뛰어난 지능, 사교적 성격, 가문의 배경, 경제적 부(富), 출중한 외모를 갖추었음에도 불구하고 왜 부적응적인 삶을 살게 된 것일까? 사람들이 인생에 실패하는 이유는 무엇이고 또 인생에 성공하는 비결은 무엇일까? 그것들은 사람들이 일반적으로 생각하는 요인들과는 다른 걸까? 사실 원래 그랜트 스터디는 인생의 성패를 결정짓는 요인을 규명하고자 계획된 것은 아니었다. 그보다는 가장 행복한 인간의 삶이란 과연 어떤 모습인지를 일반 사람들이 직접 눈으로 확인할 수 있도록 보여주는 것이 목적이었다. 바로 그랬기에 연구에서는 정신적인 면과 신체적인 면 모두에서 특별히 우수하다고 공인받을 수 있는 학생들을 선발한 것이다. 마치 꽃의 참다운 아름다움을 감상하기 위해 알맞은 기후에 양질의 토양에서 좋은 품종의 씨앗을 키워 활짝 피어나게 하는 것과 같은 이치라고 할 수 있다.

그랜트 스터디는 사람들에게 하버드 졸업생들의 인생사 이상의 정보와 통찰을 준다. 그랜트 스터디가 우리에게 알려주는 소중한 진실 중 하나는 인생은 신들의 주사위 놀음 이상이라는 것이다. 만약 인생이 신들의 주사위 놀음으로 결정되는 것이라면 태어나면서부터 결정되는 요인들, 즉 지능, 신체조건 그리고 부모님 등에 따라 인생의 명암이 갈려야 할 것이다. 하지만 연구 결과, 대학 재학 시절까지는 삶의 중요 영역에서 동일한 출발선에 서 있던 연구 대상자들이 졸업 후 세월이 흐르면서 갈수록 적응에서 심한 격차를 드러냈다. 이러한 결과는 성공을 이끄는 삶의 비결들 중 결정적인 것들은 태어나면서 정해지는 것이 아니라 살아가면서 터득하는 삶의 기술들 속에 포함되어 있다는 점을 보여준다. 그랜트 스터디가 들려주는 삶의 교훈은 다음의 네 가지로 요약할 수 있다.

첫째, 인생에서 성공적인 삶이라는 것은 분명히 존재한다는 것이다. 같은 표본에 속한 연구대상자들의 삶을 서로 비교했을 때, 동일한 조건에서 출발하여 60년 이상 인생을 살아간 결과 일부는 성공적인 삶을 산 반면에 또 다른 일부는 인생에 적응하는 데 실패한 것으로 나타났다. 삶에 성공적으로 적응한 집단과 그렇지 못한 집단 간에는 삶에 대한 만족도, 사회적 지위, 경제적 소득, 개인적 야망의 성취 여부, 사회에 대한 봉사, 대인관계, 결혼생활 만족도, 신체적 건강, 정신질환 여부, 여가생활 등 삶의 대부분 영역에서 분명한 차이가 나타났다.

둘째, 인생에서 충격적인 사건 한두 가지가 개인의 인생 행로 전체를 결정짓는 일은 거의 존재하지 않는다는 것이다. 그랜트 스터디 결과는 자동차 드라이브 중에 실수로 잘못된 길로 접어들 수 있는 것과 마찬가지로 예기치 않은 사건들이 삶에 영향을 미칠 수 있음을 보여준다. 하지만 단 한 번 길을 잘못 들어섰다고 해서 드라이브 코스 전체가 바뀌는 일은 거의 없다. 어려서 부모를 잃는 것, 사고로 치명적인 부상을 입는 것, 배우자와의 이혼 등 그 어떤 단일한 사건도 연구대상자들의 삶에 결정적인 요인으로 작용하지 않았다. 그랜트 스터디는 성공적인 삶의 본질은 일회적인 사건이 아니라 생활에서 반복적으로 일어나는 일에 있다는 점을 분명히 보여주었다. 이런 점에서 링컨 대통령의 자비로움이나 케네디 대통령의 매력, 그리고 햄릿의 우유부단함 같은 개인의 고유한 특성은 단 한 번의 극적인 사건이 아니라, 삶에서 반복적으로 나타났기 때문에 공인받은 것이라

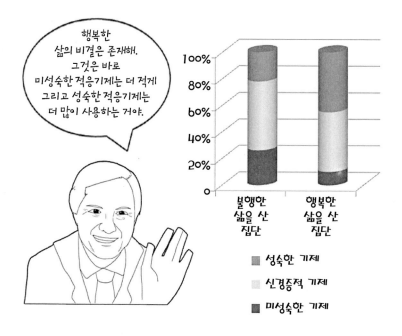

할 수 있다.

셋째, 성공적인 삶을 사는지 여부는 고통스러운 문제에 어떻게 대응하느냐에 따라 결정되는 것이지 살면서 고통스러운 사건을 겪지 않는다는 것을 뜻하지는 않는다는 점이다. 연구 결과, 삶에 성공적으로 적응한 사람들은 적응에 실패한 사람들에 비해 결코 위기를 적게 겪은 것이 아니었다. 성공적인 삶을 산 사람들은 실패한 사람들보다 위기를 기회로 전환시키는 특별한 능력을 더 많이 가지고 있었을 뿐이었다. 그렇기 때문에 그들의 삶에서는 외부로부터 주어지는 스트레스가 '광기'를 불러일으키기보다는 오히려 '신의 은총'이 되었다. 성공적인 삶을 산 사람과 그렇지 못한 사람들 간의 차이는 평상시에는 잘 구분되지 않다가도, 스트레스 상황에서 특히 두드러진다.

마지막으로, 성공적인 삶을 산 사람과 부적응적인 삶을 산 사람들을 가장 잘 구분해줄 수 있는 종합적인 지표는 바로 '자아의 연금술'에서의 차이라는 것이다. 자아의 연금술이란 문제 상황에서 사람들이 스스로를 돌보기 위해 사용하는 심리학적인 대처방법을 말한다. 이러한 자아의 연금술은 사실상 프로이트의 방어기제와 유사한 개념이라고 할 수 있다. 하지만 방어기제라는 용어는 은연중에 인간의 어두운 본성을 부각시키는 경향이 있기 때문에, 베일런트 박사는 대신 '적응기제(adaptive mechanism)'라는 표현을 사용했다.

7장

인간의 사회적 행동

레온 페스팅거
인지부조화 – 현실보다 거짓을 더 믿게 되는 이유

레온 페스팅거는 인지부조화 이론에서 사람들은 태도와 행동이 일치하지 않는 상태, 즉 부조화 상태가 되면 심리적인 불편함을 느끼고, 이를 극복하기 위해 태도를 행동과 일관되게 변화시키려 한다고 설명했다. 사람들은 흔히 그럴듯한 이유를 들어 자신의 태도를 바꿈으로서 자신의 행동을 합리화한다. 그런 식으로 부조화된 상태를 극복하고자 하는 것이다. 이와 반대로 행동이 먼저 이루어짐으로써 정서가 변화되는 경우도 있다. 기분이 울적할 때 재미있는 영화를 보거나 일부러 소리 내 웃어본다면 자신의 기분이 어느새 달라져 있음을 발견할 수 있다. 이는 행동의 변화가 감정이나 생각의 변화를 가져올 수도 있기 때문이다.

한 번 이런 상황을 생각해보라. 어떤 사람이 심리학 실험에 참여했다. 상당히 중요한 실험이라고 듣고서 참여했는데 정작 실험실에 들어가 앉으니 '5+7은 무엇인가?' 같은 단순한 산수문제 500개를 주

레온 페스팅거 Leon Festinger 1919~1989
레온 페스팅거는 미국의 사회심리학자로, 실험적 기법으로 사회현상의 기초과정을 분석했다. 특히 『인지부조화 이론』(1957)에서 인지와 인지 간의 부조화가 태도 변화의 중요한 요인임을 입증했다. 다른 주요 저서로 『예언이 빗나갈 때』(1956)가 있다.

면서 풀라고 시키는 것이었다. 무려 1시간 동안 지겹게 문제를 다 풀고 나니 이번에는 실험 조교가 부탁을 했다. 다른 피험자에게 이 실험이 매우 재미있었다고 말해달라는 것이었다. 시키는 대로 했더니 실험 참가비라며 돈을 1000원을 줬다. 그리고는 마지막으로 설문지 하나를 주면서 응답해달라는 요청을 했다. 그 설문지에는 이 실험이 얼마나 재미있었는지, 그리고 이번 실험의 의미나 가치가 어느 정도 된다고 생각하는지를 1점부터 10점까지 평가하도록 요청받았다. 자, 사람들은 이 실험에 대해 얼마나 재미있었고, 또 얼마나 의미 있었다고 평가했을까?

만약 똑같은 상황인데 한 가지 항목만 바뀌었다고 해보자. 지루한 실험을 마치고 하기 싫은 거짓말을 해주고 나니 이번에는 조교가 다가와서 10만 원을 주면서 똑같은 설문에 응답해달라고 하는 것이다. 이번에는 결과가 어떻게 될까? 실험 후 1000원을 받았을 때 내린 평가와 10만 원을 받았을 때 내린 평가가 각각 다르게 나타날까? 그리고 만약 다르다면 어떤 경우에 이 실험이 더 재미있었거나 의미 있었다고 평가할까?

레온 페스팅거는 1957년에 이 실험을 진행했다. 상식적으로는 돈을 많이 받은 경우에 실험을 더 호의적으로 평가해줄 것 같다. 하지만 실제 결과는 이런 기대와는 정반대로 나타났다. 1000원을 받은 사람들이 오히려 이 실험을 더 재미있었다거나 더 의미 있었다고 평가했고, 돈을 많이 받은 사람들은 사실 그대로 이 실험은 지루하다고 평가했다. 왜 이런 차이가 나오는 걸까?

페스팅거는 이러한 현상을 인지부조화(cognitive dissonance)로 설명했다. 1000원을 받은 사람들의 입장에서 생각해보자. 이 사람들은 1시간 동안 아주 지겨운 일을 했는데 겨우 1000원밖에 받지 못했다. 이러한 상황에서 사람들의 머릿속에 입력된 경험은 지루한 일을 했고 남에게 이 실험이 재미있다고 말했지만 결국 1000원밖에 못 받았다는 것이 된다. 그렇다면 이 사람은 어리석거나 남을 속이는 나쁜 사람이라는 결론밖에 나오지 않는다. 하지만 대부분의 사람들은 자기 자신을 착하고 똑똑하다고 믿고 싶어 한다. 자기는 착하고 똑똑한데 멍청하거나 나쁜 짓을 했다면 실험 참여 사건과 자신의 믿음 간에 모순이 발생한 셈이다. 바로 이러한 모순을 페스팅거는 '인지부조화'라고 불렀다.

일단 인지부조화가 일어나면 사람들은 긴장하고 불안해진다. 그래서 어떻게든 그러한 부조화를 해소하려고 시도한다. 즉, "그래도 이 실험은 재미있었고 학문의 발전에 뭔가 아주 중요한 일이었을 것이다. 나는 돈 때문에 이 실험이 재미있다고 말한 게 아니라 이 실험 자체가 실제로 재미있고 중요하기 때문에 그렇게 말한 거다"라는 식으로 자신의 행위를 합리화하게 된다는 것이다. 하지만 10만 원을 받은 사람들은 이렇게 고민할 필요가 없다. 자신이 왜 1시간 동안 이런 어리석은 실험을 해야 했는지 충분히 정당화할 수 있기 때문이다. 충분한 보상을 받은 사람들은 실험 자체가 의미 있었다거나 재미있었다고 평가할 필요가 없는 것이다. 여기서 중요한 것은 어떤 것은 돌이킬 수 있고, 어떤 것은 돌이킬 수 없다는 점이다. 이미 벌어진 일(1시간 동안 지루한 실험을 한 것, 재미있었다고 말한 것, 돈을 1000원밖에 못 받은 것)은 돌이킬 수 없는 사건이다. 하지만 아직 하지 않은 일(설문에

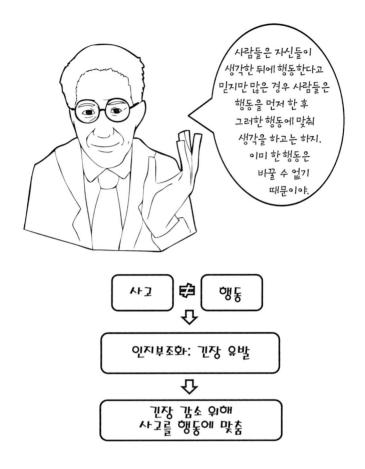

어떻게 응답할까?)은 돌이킬 수 있는 사건이다. 이런 경우 우리의 사고
는 돌이킬 수 없는 결과에 돌이킬 수 있는 것을 맞춰가는 방식으로
작동한다.

페스팅거가 이러한 실험을 하게 된 계기는 당시에 벌어졌던 종말
론 소동 때문이었다. 1950년대 초반 미국의 한 사이비종교 교주가

중대발표를 했다. 자신은 수호신으로부터 신탁을 받았는데 조만간 큰 홍수가 날 것이고 진짜 신도들만 홍수 전날 자정에 비행접시로 구출될 것이라고 선언한 것이다. 신도들은 난리가 났다. 모두 직장을 정리하고 퇴직금을 이 종교단체에 기탁했다. 자신의 믿음이 얼마나 신실한지를 보여주기 위해서였다. 그들은 자신들만 구원받는 것에 죄책감을 느끼며 많은 사람들에게 이 소식을 전하려 애썼다. 마침내 예고된 구원의 날 자정, 광신도들이 모두 모여 비행접시를 기다렸다. 하지만 예정된 시간이 지났는데도 결국 아무 일도 일어나지 않았다. 비행접시도 안 왔고 홍수도 일어나지 않았다. 그러자 교주가 다시 나타나서 또 다른 중대발표를 했다. 신도들의 믿음에 대한 보답으로 결국 전세계가 구원을 받았다는 것이다. 놀랍게도 현장에 모여 있던 사람들은 화를 내기는커녕 교주의 말에 기뻐하며 축제를 벌였다.

사람들이 이처럼 어리석은 결정을 내리게 된 데는 이미 일어난 일과 아직 일어나지 않은 일 간의 차이, 즉 인지부조화가 영향을 주었다고 할 수 있다. 예고된 종말에 대비하느라 이미 그 신도들은 많은 희생을 했다. 직장도 관두었고 저축했던 돈도 다 써버렸다. 그런데 이제 와서 "모두 다 가짜였다, 내가 속았다"고 인정을 하면 매우 심각한 인지부조화에 빠지게 된다. 이는 심한 불안감과 두려움을 불러오는 일이기 때문에 광신도들은 고통스러운 현실을 받아들이는 대신 잘못된 믿음을 고수하는 길을 선택한 것이다.

솔로몬 •애쉬와 스탠리 밀그램

동조와 복종 – 사람들이 어리석은 선택을 하는 이유

예전 광고 문구 중에 "모든 사람들이 '예'라고 할 때 '아니오'라고 할 수 있는 용기" 라는 것이 있었다. 당신은 수업 중 모든 학생들이 찬성하는 사안에 반대할 수 있겠는가?

솔로몬 애쉬는 사람들이 이런 상황에 놓였을 때 어떤 행동을 하는지 보여주는 유명한 실험을 실시했다. 참가자에게 일정한 길이의 선이 그려진 카드를 보여주고서 똑같은 길이의 선을 찾아보라고 과제를 주었다. 과제에는 모두 7명이 참여했지만 6명은 가짜 참가자로서 실험 전에 정답 대신 틀린 답을 말하라고 지시를 받은 사람들이었다. 실제 실험 참가자는 가짜 참가자 6명의 답을 다 들은 후 자신의 의견을 말하도록 실험이 설계됐다. 이 쉬운 과제를 못 하는 사람들

솔로몬 애쉬 Solomon Asch 1907~1996
스탠리 밀그램 Stanley Milgram 1933~1984
솔로몬 애쉬는 미국의 심리학자이며 사회심리학의 개척자이다. 그는 1932년 컬럼비아대학교에서 박사학위를 받은 뒤, 브루클린대학교에서 강사를 했고 펜실베니아대학교의 심리학과 교수로 활동했다. 주요 저서로 『사회심리학』(1952), 『독립성과 동조에 관한 연구』(1956), 『암시: 심리학적 질문』(1958) 등이 있다. 스탠리 밀그램은 미국의 사회심리학자로서 하버드대학교에서 심리학 박사학위를 받고 하버드대학교 조교수가 되었으나 1963년 「복종에 관한 행동의 연구」라는 논문 발표 후 실험의 비윤리성이 문제가 되어 미국 정신분석학회로부터 한 해 동안 자격 정지를 당했다. 그는 1974년에 『권위에의 복종』이라는 책을 출간했고 그의 실험은 이후 사회심리학 실험의 원형이 되었다.

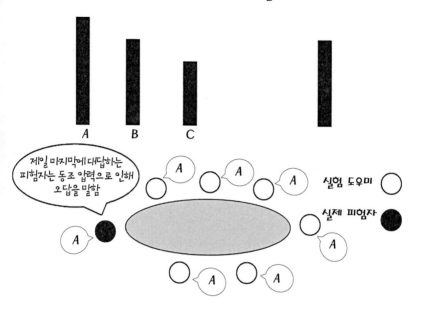

이 있을까? 그러나 실제 참가자들의 상당수가 가짜 참가자들의 의견을 그대로 따라 틀린 답을 답했다.

애쉬의 연구에서처럼 대부분의 사람들은 공개적으로 반응을 해야 하는 상황에서 자신의 생각과 같지 않더라도 다수의 사람들을 따라가려는 경향이 있다. 이러한 현상을 동조(conformity)라고 한다. 사실 이러한 경향성은 의견이나 행동에서만 나타나는 것이 아니라 타인의 표정, 자세, 목소리 등도 의식하지 못한 채 따라하거나 닮아가는 현상을 보이기도 한다. 이를 카멜레온 효과라고도 부른다. 동조는 그러한 의견이나 행동을 보이는 타인들과 유대가 강할수록 커지게 되고 반대로 그중 한 명이라도 다른 견해를 보이면 동조율은 크게 감소한다.

그렇다면 사람들이 동조를 하는 이유는 무엇인가? 동조의 이유에 대한 설명으로는 크게 두 가지를 들 수 있다. 첫번째는 정보의 영향이다. 즉, 결정을 내리기 모호한 상황에서는 다른 사람들의 판단이 유용한 정보가 되기 때문이다. 대학을 가려고 준비하는 고등학생들이 우수한 성적으로 대학을 입학한 사람들의 수기를 읽으며 따라하고, 대학에 처음 입학한 새내기들이 강의를 결정하거나 강의시간표를 짤 때에도 주위 친구들이나 선배들이 하는 것과 비슷하게 하려고 하는 것이 이런 경우라고 할 수 있다. 또 다른 이유는 규범의 영향이다. 다수의 의견과 다를 경우, 다른 사람들로부터 배척당하거나 인정받지 못할 수도 있다는 두려움 때문에 동조 행동이 나타난다는 것이다. 앞서 예로 들었던 광고 문구나 애쉬의 실험이 이러한 면을 잘 보여준다.

애쉬의 실험이 동조 현상을 보여준다면, 스탠리 밀그램의 유명한 실험은 복종 현상을 보여준다. 밀그램은 처벌과 학습이라는 주제로 실험을 할 것이라고 광고를 내서 참가자를 모았다. 그는 실험실을 두 곳으로 나눈 후에 실험실 한쪽에는 선생님 역할을 할 참자가가 들어가도록 하고 또 다른 쪽에는 미리 말을 해놓은 학생 역할의 보조 실험자를 배치했다. 그리고 나서 참가자에게 학생이 단어를 틀리면 15~450V까지 점차 강하게 전기충격을 주라고 지시했다. 물론 실제로 전기가 흐르지는 않았다.

참가자는 학생 역할의 보조자의 얼굴은 볼 수 없었고 단지 소리만 들을 수 있었다. 15V에서 시작된 전기충격이 120V에 이르자 학생의

역할을 맡은 보조자는 고통스럽다는 듯이 소리를 질렀다. 하지만, 실험 진행자는 선생 역할의 참가자에게 자신에게 모든 책임이 있으니 자신의 말만 따르라고 했다. 실험 진행자들은 대부분의 참가자들이 일정 이상의 전기충격을 주지 않을 것이라고 예상했으나 40명의 참가자들 전부가 300V까지는 그대로 다 복종했고 이중 26명은 괴로워하면서도 가장 높은 450V까지 전기충격을 줬다.

실험에 참여한 사람들이 이런 비인도적인 명령에 복종한 이유는 무엇이었을까? 가장 큰 이유는 책임의 소재가 자신에게 없기 때문이다. 실험 진행자가 모든 책임을 진다는 확신을 참가자에게 강하게 심어줌으로써 자신의 행위에 대한 책임이 사라지는 것이다. 만약 명령을 하는 사람이 권위 있는 인물이라면 그들의 명령에 더 복종하며 심지어는 자신의 소신이나 사회적 규범에 어긋나더라도 맹목적으로 복종하는 경향도 있다. 이런 현상이 나타나는 이유는 자신의 행동이 타인에게 어떤 문제를 일으켰는지 생각하기보다 자신이 권위 있는 인물의 기대를 얼마나 잘 수행했는지를 중요하게 평가하기 때문이다. 하지만, 자기에게 명령을 내리는 권위 있는 인물의 합법성이나 동기가 의문스러워질 때는 복종행동은 줄어들게 된다. 또한 동조와 마찬가지로 누군가 복종에 반대하는 것을 보았다면 역시 복종행위가 줄어든다.

동조와 복종 현상의 부정적 결과는 엄청난 사회적 파장을 가져온다. 사람들이 진실이 아닌 것에 동조하게 할 수도 있고 또 잔혹한 행동에 복종하면서도 자신의 행동이 옳은지 아닌지 가치판단을 하지 못하게 할 수도 있는 것이다. 명령에 복종하여 홀로코스트와 같은 학살행위를 기꺼이 수행한 독일 장교나 또래에서 소외될까 두려워 '왕따'라고 불리는 학교 내 집단 따돌림에 가담한 학생들은 동조와 복종 현상이 부정적으로 나타난 대표적인 경우라고 할 수 있다.

필립 짐바르도
루시퍼 이펙트 – 악덕의 심리적 탄생

1971년 스탠포드대학교의 필립 짐바르도 교수는 '교도소의 생활이 인간의 심리에 미치는 영향에 관한 연구'를 위해 지역 신문에 광고를 내 지원자를 모았다. 이것이 일명 스탠포드 죄수 실험(Stanford Prison Experiment, 이하 SPE)라고 알려진 실험이다. SPE 프로그램에 대한 광고가 나가자 100여 명의 지원자가 신청을 했다. 지원자들에게는 심리평가를 실시해서 정신과적인 병력이 있거나 범죄 및 약물복용 등으로 체포된 전력이 있는 사람들은 모두 제외시켰다. 이런 심사 과정을 통해 최종적으로 SPE 참가자는 24명으로 정해졌다. 이들은 실험에 참가하는 대가로 하루에 15달러씩을 받기로 했다.

선발 과정에서 다양한 평가과정을 통해 참가자들 간 이질성을 최소화하고 일반 사람들을 대표할 수 있는 엄격한 기준을 적용했기 때문에 실험이 시작될 당시에 이 24명의 SPE 참여자들 간에는 어떠한 특별한 차이도 발견되지 않았다. 다시 말해 SPE 참여자들은 경제적

필립 짐바르도 Philip G. Zimbardo 1933~
필립 짐바르도는 스탠포드 감옥 실험(SPE)으로 유명한 미국의 심리학자이다. 그는 예일대학교에서 박사학위를 받았으며 뉴욕대학교의 심리학과 교수로 재직한 뒤 컬럼비아대학교를 거쳐 스탠포드대학교에서 교수로 재직했다. 그는 SPE 실험 연구를 바탕으로 일부 미군들이 이라크인 포로들을 잔혹하게 다루는 행위를 분석하여 『루시퍼 이펙트』라는 저서를 쓰기도 했다.

여건, 지능 그리고 성격 및 신체적 건강 정도 면에서 비슷한 특징을 공유하는 사람들이었다. 이들은 무작위로 교도관과 수감자의 두 집단으로 나뉘어져 실험에 들어갔다. 하지만 교도소처럼 꾸며진 실험 공간에서 2주간 진행될 예정인 실험은 채 일주일도 지나지 않아서 중단돼버렸다. 실험 대상자들이 너무 급격히 이상 행동을 보이면서 두 집단 간의 문제가 심각한 수준에 이르렀기 때문이다. 나쁜 상황과 나쁜 시스템이 평범한 사람들을 매우 병리적으로 행동하도록 만들 수 있다는 사실이 드러난 것이다.

수감자 역할을 맡은 사람들은 실험이 시작된 후 얼마 지나지 않은 시점부터 학습된 무기력, 의존성, 우울증 등의 문제행동들을 나타내기 시작했다. 특히 수감자 중 절반은 심각한 정서 및 인지장애 문제를 일으켜 실험에서 하차해야 했다. 그리고 마지막까지 남아 있었던 수감자들은 마치 '좀비'가 되어버린 것 같은 인상을 주었다.

교도관 역할을 맡은 사람들은 실험 첫날부터 수감자들을 필요 이상으로 잔인하게 대하면서 사실상 그들을 학대하기 시작했다. 그 결과 실험이 시작된 바로 다음 날 수감자들의 반란이 일어날 정도였다. 특히 5일째 되던 날, 헬맨이라는 교도관은 수감자들에게 장난이라고 하면서 성적인 학대를 가하기까지 했다. 결국, SPE 프로그램은 6일 만에 중단되었다.

SPE 참여자들은 실험에 참여하기 전까지는 교도관과 수감자 중 그 누구도 문제요인이 있는 '썩은 사과'가 아니었다. 하지만 참가자들은 '썩은 상자(교도소 운영 시스템)'의 강력한 영향을 받게 되자, 빠른 속도로 '썩은 사과(마음이 병든 사람)'로 변해갔다. 이런 점에서 짐바르도는 SPE가 인간의 삶에서 악이 탄생하게 되는 과정을 잘 보여준다고 주장했다. 그는 이와 같은 악의 평범성, 즉 평범한 사람이 썩은 상자 안에서 악행에 물들게 되는 것을 '루시퍼 이펙트(Lucifer effect)'라고 불렀다. 루시퍼는 기독교에서 말하는 천국으로부터 추방당한 악마이다.

루시퍼 이펙트 또는 SPE 실험 결과에서 한 가지 흥미로운 점은 선의 탄생 역시 악과 밀접한 관계가 있다는 점이다. SPE 프로그램에서 성적인 학대를 자행한 교도관 헬맨은 연구에 참여한 지 30여 년이 지나 짐바르도 교수를 만났을 때, 자신이 실험 때문에 너무 큰 오명(汚名)을 얻게 되었다고 불평했다. 하지만 그는 그 실험을 통해 배운 교훈을 다음과 같이 고백했다.

> 1971년의 교만하고 무신경한 10대 소년은 수십 년 동안 그 굴레를 짊어지고 살면서 많이 부드러워졌습니다. 그때 만일 누군가가 내 행동 때문에 수감자 중 누군가가 해를 입었다고 말했다면 나는 아마도 "그들이야말로 계집애같이 약해빠진 얼간이들이었다"고 대답했을 겁니다. 그러나 내가 내 역할에 그토록 깊이 빠져들어서 다른 사람들의 고통에 눈이 멀었다는 기억은 오늘날 내게 일종의 경고와도 같은 역할을 해주고 있습니다. 지금은 사람들을 어떻게 대해야 할 것인지 매우 주의 깊게 생각합니다. 사실 사람들은 내가 사업가치고 지나치게 예민하다고 생각할지도 모릅니다. 나는 어떤 결정을 내릴 때, 예를 들어 일을 제대로 수행하지 못하는 직원을 해고하려 할 때, 그것이 너무 가혹한 일은 아닐까 하고 망설이게 되지요.

악한 행동의 본성을 이해하기 위해서는 그것이 평범한 사람이 썩은 상자 안에서 악행에 물들게 될 때 나타나게 된다는 점을 깨달아야 해. 이런 점에서 선과 악은 동전의 양면과 같다고 할 수 있지.

건강한 사회적 환경 ⇒

⇐ 썩은 상자의 압력

선   악

교도관 헬맨의 이러한 진술은 『파우스트』의 주제와 일맥상통한다. 괴테는 『파우스트』에서 신의 입을 빌려 다음과 같이 말한다. "파우스트가 지상에서 살고 있는 동안에는 그가 어떤 악의 유혹에 빠져 들든지 간에 나는 막지 않겠노라. 인간은 노력하는 한 방황하기 마련이니까." 헬멘은 한때 악의 유혹에 빠져 나쁜 일을 저질렀지만, 그로부터 교훈을 얻어 선한 사람이 된 것이다.

SPE 프로그램의 결과는 악이 평범한 사람들에게서 나타날 수 있다는 것을 보여주는 것만큼이나 분명하게 선이 악에서 비롯되는 것이라는 점을 보여준다. 그리고 이것은 소수의 특별한 사람이 아니라, SPE 프로그램에 참여한 사람들이 보여주는 것처럼, 평범한 사람들에게서 보편적으로 나타나는 현상이라고 할 수 있다. 앞서 말했듯 SPE 프로그램에 선발된 사람들은 특별한 사람들이 아니었다. 100명이 넘는 지원자 중 일반인을 대표할 수 있을 만한 평범한 사람들이 연구에 참여했다.

SPE로부터 30년 후, 아부그라이브 수용소에서 이라크 포로 학대 사건이 일어났을 때 이 짐바르도의 실험은 다시 재조명받았다. 아부그라이브 교도소는 이라크의 수도 바그다드에서 서쪽으로 32킬로미터 떨어진 아부그라이브 시에 위치한 이라크 최대의 정치범 수용소로서 후세인 시절부터 악명이 높았다. 미국이 바그다드를 점령한 이후, 평범한 미군 교도관들은 이 교도소에서 포로들에게 처참한 인권 유린을 가했다. 그 장면을 찍은 사진이 전세계로 퍼져 큰 이슈가 되었다. 이 사건은 현대사회에서 루시퍼 이펙트가 지속되고 있음을 잘 보여준다.

폴 ·에크만
감정신호 – 얼굴의 표정으로 마음 읽기

셰익스피어의 희곡 『오셀로』는 우리가 사회적인 상황에서 다른 사람의 감정신호를 올바르게 읽는 것이 얼마나 중요한 일인지를 잘 일깨워준다. 극에서 오셀로는 아내가 자신을 배신하고 자신의 부관과 정을 통했다며 아내를 몰아붙인다. 그의 아내 데스데모나는 자신의 억울함을 풀어줄 부관 캐시오가 이미 죽었다는 사실을 알고서는 절망한다. 하지만 오셀로는 아내가 자신의 결백함을 증명할 길이 없어 절망에 빠지는 것을 부정을 저지른 아내가 두려워하는 것으로 잘못 지각하고는 아내를 살해한다. 이처럼 사람들의 감정신호를 잘못 읽는 것은 우리를 돌이킬 수 없는 길로 몰고 갈 수 있다.

폴 에크만은 1960년대 후반부터 감정신호에 각별한 관심을 가졌다. 1967년부터 그는 파푸아뉴기니의 원주민 포레족을 대상으로 감정에 관한 연구를 수행했다. 그는 약 300명의 원주민에게 특정 감정

폴 에크만 Paul Ekman 1934~
폴 에크만은 캘리포니아대학교 명예교수로서 얼굴표정 연구 분야의 세계적인 석학이다. 애들피대학교에서 임상심리학 박사학위를 취득했으며, 현재 캘리포니아대학교 명예교수로 재직 중이다. 2009년 미국 『타임』이 선정한 세계에서 가장 영향력 있는 100인에 포함되었다. 미국 랭글리포터 정신질환연구소 소장을 역임했다. 저서로 『텔링 라이즈』(1985) 『얼굴의 심리학』(2003) 등이 있다.

과 연관된 이야기를 들려준 후 얼굴표정이 나타나 있는 사진들 속에서 이야기와 잘 들어맞는 얼굴표정을 찾아보도록 했다. 그 결과 원주민들은 기쁨, 분노, 혐오, 그리고 슬픔의 네 가지 감정을 정확하게 변별해냈다. 이 다음 단계로 그는 기쁨, 분노, 혐오, 그리고 슬픔의 네 가지 감정을 나타낸 원주민들의 얼굴을 영상에 담아 그 자료를 미국 대학생들에게 보여주고 그들의 감정 상태를 맞춰보라고 했다. 미국의 학생들은 이전에 원주민들의 표정을 한 번도 본 적이 없음에도 불구하고 이 네 가지 감정을 정확하게 변별해냈다. 이러한 결과는 적어도 이 네 가지 감정은 문화와는 무관하게 보편적이라는 사실을 보여준다.

감정을 나타내는 사람의 표정이 문화적으로 학습된 것이 아니라 진화의 산물이라는 것을 입증해주는 또 다른 예는 태어날 때부터 맹인이었던 사람의 감정표현 방식이다. 그들은 다른 사람이 감정을 얼굴 표정으로 어떻게 나타내는지 한 번도 본적이 없음에도 불구하고 감정을 나타낼 때 눈이 보이는 사람과 유사한 표정을 짓는다.

에크만에 따르면 사람들이 얼굴 표정으로 지을 수 있는 표정의 개수는 무려 1만 개가 넘는다. 그는 1978년 얼굴의 움직임을 체계적으로 묘사한 최초의 얼굴 지도인 '얼굴 움직임 해독법(Facial Action Coding System, FACS)'을 만들어냈다. 그는 이 연구를 위해 자신의 얼굴 근육을 하나하나 움직이는 방법을 익혀야 했다. 그리고 때로는 어떤 근육이 얼굴의 어느 부분을 움직이는 것인지 확인하기 위해서 자신의 피부 속에 바늘을 꽂아 전기 자극을 줘 어떤 표정이 나오는지 확인하기도 했다. 이러한 노력 덕분에 그는 사람들의 표정을 보고 상대방이 거짓말을 하는지, 하지 않는지 또 상대방이 어떤 감정 상태인지를 알아내는 세계적인 감정신호 전문가가 되었다. 현재 에크만은 미국 연방수사국(FBI)과 중앙정보국(CIA) 등에서 범죄 용의자나 테러리스트의 표정 및 심리분석에 관한 조언을 맡고 있다.

그에 따르면, 사람들이 거짓말을 할 때 평소와 다른 표정이나 몸짓, 목소리를 내는 이유는 다음과 같다. 먼저 거짓말을 하는 것이 진실을 말하는 것보다 훨씬 더 어려워, 인지적으로 부하가 걸리기 때문이다. 그리고 그냥 자신이 실제 경험한 사실을 말하는 것이 아니라 뭔가를 꾸며내야 하기 때문에 앞뒤 계산이 필요하다. 이렇게 생각에 부하가 걸리면 정서에도 부하가 걸리고 이때부터 감정이 자기 뜻대로 통제가 안 되는 것이다. 그러다 보니 자기도 모르게 표정이나 몸짓, 목소리가 평소와 달라지게 된다.

에크만은 일반적으로 표정 변화에 거짓말 단서가 가장 많이 나타나고, 그 다음으로는 일반인이 알아채기 어려운 미세한 얼굴 움직임, 손동작, 말의 속도, 몸짓, 체온, 목소리, 동공 크기의 순으로 단서가 많다고 제시했다. 거짓말을 잡아내는 데 이용되는 얼굴 표정 정보는 15분의 1초 이하의 시간 동안 잠시 나타났다가 이내 사라지는 미세표정이다. 예를 들면, 거짓말을 할 때 사람들의 표정은 아주 잠깐 동안 좌우 비대칭 상태가 되며 부자연스러운 표정의 흐름이 나타났다 사라진다. 일반적으로 거짓말을 하게 되면 말이 잠시 끊기면서 유창함이 떨어지고, 억양이 단조로워진다. 또 시선을 회피하거나 손동작이 감소할 수도 있다. 그러나 이런 단서들이 곧 거짓말 자체를 의미하는 것은 아니다.

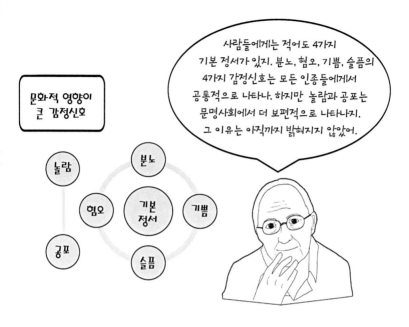

문화적 영향이 큰 감정신호

놀람

분노

혐오

기본 정서

기쁨

공포

슬픔

사람들에게는 적어도 4가지 기본 정서가 있지. 분노, 혐오, 기쁨, 슬픔의 4가지 감정신호는 모든 인종들에게서 공통적으로 나타나. 하지만 놀람과 공포는 문명사회에서 더 보편적으로 나타나지. 그 이유는 아직까지 밝혀지지 않았어.

만약 훈련된 전문가가 이러한 미세 표정 단서를 근거로 거짓말 여부를 확인한다면 정확도는 95% 이상이다. 그렇지만 일상생활에서 친구들끼리 혹은 가족끼리 예의상 하는 거짓말은 여기서 말하는 거짓말과 다르다. 이런 경우는 상대를 배려하려는 것이지 속여서 피해를 주려는 게 아니기 때문에 거짓말에 해당하지 않으며, 표정 단서도 나타나지 않는다. 누가 얼마나 자주 거짓말을 하는지는 아무도 모른다. 하지만 대부분의 경우 거짓말이 성공하는 이유는 거짓말하는 쪽이 거짓말에 능숙해서가 아니라 속는 사람이 처음에는 대개 사실이라고 믿고 싶어 하기 때문이다.

에크만에 따르면, 감정신호 체계의 두드러진 특징 중 하나는 그것이 항상 켜진 상태로 존재한다는 점이다. 감정신호는 어떤 감정이 시작됨과 거의 동시에 나타난다. 예를 들면, 슬플 때는 목소리가 자동적으로 부드러워지고 낮아지며 양미간이 올라간다. 부부싸움 중 부인이 펄쩍 뛰면서 화를 내는 상황에서 남편이 목석처럼 가만히 있는 경우에도 사실은 그 남편도 강렬한 감정을 느끼고 있는 것이다. 이러한 상태에 있는 남성들의 생리적인 신호를 측정해보면 그들이 정서적으로 심한 동요를 나타낸다는 사실을 알 수 있다. 이런 점에서 사람들이 경험하는 모든 감정은 곧바로 외부로 드러난다고 할 수 있다.

에크만은 삶에서 가장 강력한 동기 중 하나가 바로 감정이라고 주장한다. 사람들은 제아무리 배고픈 상태에 있다 하더라도 눈앞의 음식이 혐오스러우면 먹지 않는다. 극단적인 경우를 제외하고는 감정이 식욕보다 우위에 있기 때문이다. 이러한 점은 성욕에 대해서도 마찬가지다. 두려움이나 혐오감은 성관계를 회피하거나 중단하도록 만든다. 아무리 상대가 매력적이어도 에이즈 환자면 거부감이 드는 것처럼 말이다. 심지어 감정은 생존욕을 능가하기도 한다. 자살이 바로 그 예다. 이런 점에서 감정신호는 사회적 생활의 근간을 이룬다고 할 수 있다.

에드워드 손다이크

후광효과 – 첫인상이 좋으면 모든 것이 다 좋아 보이는 이유

후광(halo)이란 어떤 사물을 더욱 빛나게 하거나 두드러지게 하는 것을 말한다. 심리학에서 후광 효과는 어떤 사람 혹은 사물에 대해 가지고 있는 인상적인 평가 내용이 다른 영역에 대해서도 비논리적으로 영향을 주는 것을 뜻한다. 상대방의 첫인상이 좋을 경우, 사람들은 자연스럽게 그 사람의 성격도, 집안도, 그리고 학벌도 모두 좋을 것이라고 믿는 경향이 있는데 이것이 전형적인 후광효과의 예이다.

후광효과에서는 한 대상에 대한 긍정적인 혹은 부정적인 평가 내용이 다른 영역에 대한 평가 혹은 지각에도 영향을 준다. 이런 점에서 후광효과는 일종의 인지적 편견이라 할 수 있다.

후광효과를 최초로 제안한 이론가는 저명한 교육심리학자인 에드

에드워드 손다이크 Edward L. Thorndike 1874~1949

에드워드 손다이크는 미국의 대표적인 학습이론가 중 하나이다. 1895년 웨즐리언대학교를 졸업한 후 1895년부터 하버드대학교에서 심리학자 윌리엄 제임스(William James)의 문하에서 공부하면서 동물행동을 연구했다. 그는 박사학위 논문에서 처음으로 '효과의 법칙'과 '연습의 법칙'이라는 2가지 행동법칙을 발표했다. 효과의 법칙은 가장 만족스러운 결과가 뒤따르는 행동반응이 학습될 가능성이 높다는 것이고, 연습의 법칙은 자극과 행동반응 간 결합이 자주 일어날수록 특정 반응 패턴이 보다 강하게 확립된다는 이론이다. 그는 실험을 단순히 서술적으로 설명하는 데 반대하여 측정과 자료의 양적 분석을 강조함으로써 현대 심리학, 특히 행동주의 실험에 막대한 영향을 미쳤다. 주요 저서로는 『결핍·흥미·태도의 심리학』(1935)과 『인간의 본성과 사회질서』(1940) 등이 있다.

어느 한 가지 특성에 대해 평가한 결과는 같은 사람의 다른 특성을 평가하는 데도 영향을 미치지.

워드 손다이크이다. 손다이크는 한 실험에서 지휘관들에게 사병들의 다양한 특성들을 평가하도록 했다. 이때 평가 항목은 지능에서부터 리더쉽과 성격특성 그리고 신체적인 특징에 이르기까지 매우 다양했다. 평가 결과, 지휘관들이 사병을 평가한 항목들 간에는 높은 상관관계가 나타났다. 어떤 한 항목에 대해서 좋게 평가했다면 다른 항목에서도 평가가 좋은 경우가 많았던 것이다. 이러한 결과는 지휘관이 사병의 어느 한 특성에 대해 평가한 결과가 해당 사병의 다른 특성을 평가하는 데도 영향을 미쳤다는 것을 뜻한다.

손다이크가 후광효과를 발견하고 명명한 이래로 심리학에서 후광효과에 관한 연구는 매우 광범위한 주제에 걸쳐 진행되었다. 그 대표적인 예가 외모와 성격 특성에 관한 연구이다. 사람들은 매력적인 외모를 가진 사람들이 그렇지 않은 사람들에 비해 좀 더 좋은 성격을 가지고 있을 것이라고 판단한다는 것이다. 즉, 매력적인 외모라는 긍정적인 평가가 외모 이외의 성격 특성에서도 긍정적인 평가를 내리게 만드는 편견이 되는 것이다. 이러한 후광효과는 심지어 능력을 평가하는 데도 영향을 미친다. 예를 들면, 시험지 상단에 학생들의 사진을 붙인 뒤 연구 참여자들에게 채점을 하도록 할 경우, 매력적인 외모를 가진 사람들의 답안지에 상대적으로 더 후한 점수를 부여한다.

세계 일주를 계획한 마젤란(Ferdinand Magellan)이 스페인 국왕에게 협력을 요청할 때 이러한 후광효과를 사용해 성공을 거둔 것은 유명한 일화 중 하나이다. 마젤란은 유명한 지리학자였던 루이 파레이로(Rui Faleiro)를 대동한 상태에서 지구의를 앞에 놓고 스페인 국왕에게 항해의 필요성을 주장했다. 이때 스페인 국왕은 전문가가 동석한 점 때문에 마젤란의 주장을 신뢰할 수 있었고, 마젤란의 항해를 지원해주었다.

후광효과는 사람의 인지능력에 있는 기능상의 오류에 해당된다고도 할 수 있다. 정확한 정보가 아님에도 불구하고 무작정 믿어버리기 때문이다. 따라서 후광효과에 사로잡히지 않고 정확한 판단을 하기 위해서는 선입견이나 편견을 없애려 노력하는 것이 필요하다. 물론 후광효과는 본성의 일종에 해당되기 때문에 억지로 고치거나 쉽게 바꿀 수 있는 것은 아니다.

사실 후광효과를 적절히 활용하는 것은 사회적인 적응에 도움이 되기도 한다. 후광효과는 긍정적인 면으로도 작용하기도 하며 동시에 부정적으로 작용할 수도 있다. 다시 말해, 좋은 점들 덕분에 나를 빛낼 수 있기도 하고 또 나쁜 점들 때문에 사회적인 위기를 자초하게 될 수도 있다. 예를 들면, 친절한 행동으로 좋은 후광효과를 줘서 나의 사회적 가치를 더 높일 수도 있는 반면에 경솔한 모습 때문에 나쁜 인상이 박혀 사회적인 신임을 잃기도 한다. 남녀관계에서 첫인상이 중요한 것도 따지고 보면 후광효과 때문이다. 이러한 후광효과의 경우, 악의를 가지고 부도덕한 목적으로 활용해서는 당연히 안 되겠지만, 업무를 수행하는 과정에서 권위자나 전문가의 의견을 인용함으로써 자신의 의견에 대한 설득력을 높이는 것은 효과적인 사회적 기술 중 하나가 될 수도 있다.

8장

행복의 심리학

고든 올포트

프로프리움 – 행복한 삶을 위한 건강한 성격특성

올포트는 대표적인 특성이론가 중 하나이다. 인간에 관한 특성이론 (trait theory)은 유형론(type theory)과 더불어 가장 오래된 성격이론이라고 할 수 있다. 특성은 개인으로 하여금 여러 상황에 걸쳐 일관적으로 행동하도록 만드는 지속적인 속성으로 정의된다. 특성이론은 행동과 특성이 동일한 것이라고 주장하며 행동으로부터 특성을 추론한다. 따라서 표면상의 행동에 초점을 맞추고 행동과 관련된 특징들을 규명하고 기술하는 반면에 성격의 발달과정 및 행동의 생성과정, 무의식적 요소는 다루지 않는다.

심리학자로서 처음에 올포트는 프로이트의 정신분석에 깊은 관심을 보였다. 그는 젊은 시절 프로이트를 직접 방문한 적도 있었다. 하지만 큰 기대를 한 프로이트와의 만남은 올포트에게 실망스러운 것이었다. 미국에서 대서양을 건너 프로이트를 찾아간 올포트를 프로

고든 올포트 Gordon Allport 1897~1967

고든 올포트는 미국의 성격 심리학자이자 교육자로 성격의 특질이론을 제시했다. 올포트는 하버드대학교에서 심리학 박사학위(1922년)를 받았으며, 이후 하버드의 종신교수가 되었다. 미국심리학회의 회장(1939년), 미동부심리학회 회장(1943), 사회적 이슈에 대한 심리학적 연구학회의 회장(1944년)을 역임한 바 있다. 주요 저서로는 「성격: 심리학적 해석」(1937), 「생성」(1955), 「편견의 본질」(1954), 「성격의 유형과 성장」(1961) 등이 있다.

이트는 처음에 노구를 이끌고 현관으로 맞이하러 나올 정도로 환대해주었다. 하지만 거실에 마주앉은 후부터 프로이트는 아무 말도 않고 올포트가 말을 꺼내기를 그저 기다릴 뿐이었다. 마치 정신분석가가 환자를 대하기라도 하는 것 같은 프로이트의 태도에 올포트는 크게 당황했다. 오랜 침묵의 시간이 흐른 뒤에 올포트는 프로이트를 방문하러 오던 중에 기차에서 있었던 일을 소개했다. 기차에서 올포트는 결벽증적인 태도가 있던 소년을 만났는데 그 소년에 대한 이야기를 해준 것이다. 이야기를 들은 후 프로이트는 갑자기 올포트에게 "혹시 그 소년이 당신 아니오?"라고 묘한 질문을 했다. 이러한 경험에서 올포트는 프로이트의 정신분석이 잘못하면 생사람을 잡을 수 있겠다는 생각을 하게 됐다.

그 후 올포트는 프로이트의 이론에 반론을 펴면서 과학적인 심리학을 표방하고 특성이론 학파를 정립했다. 올포트는 프로이트의 심리적 결정론에 반대하면서 인간은 비관적인 존재가 아니라 이성적이고 합리적 존재라고 주장했다. 특히 그는 프로이트와는 대조적으로 인간의 신경증적인 성격이 아니라 건강한 성격에 주안점을 두었다. 바로 이러한 점 때문에 일부 정신분석학자들은 올포트에 대한 프로이트의 해석이 정확했다고 평가하기도 한다. 그들에 따르면, 올포트가 (결벽증이 있는 소년처럼) 청결과 위생을 강조하는 항문기적 성격(anal character)의 소유자이기 때문에 신경증적인 사람은 언급하지 않은 채 오로지 건강한 성격만을 연구했다는 것이다.

프로이트는 건강한 사람과 신경증적인 사람 간 성격 차이는 종이한 장 차이라고 보았다. 하지만 올포트는 건강한 사람과 신경증적인

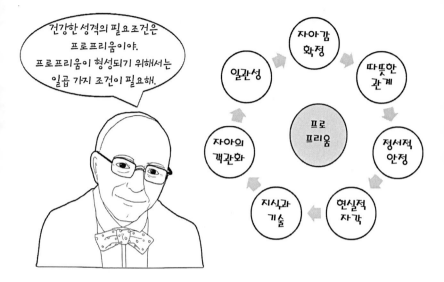

사람 간에는 유사성이 없다고 보았다. 올포트에 따르면, 신경증적인 사람은 어린 시절의 갈등 경험에 지배되는 반면에 건강한 사람은 보다 높은 수준의 개인 동기로 삶을 이끌어간다는 것이다.

올포트는 건강한 성격의 예로 탐험가 아문센(Roald A. Amundsen)을 소개했다. 올포트는 아문센의 삶은 항상 미래의 비전을 향하고 있었다고 말했다. 그가 보기에 아문센의 삶에서 핵심 동기는 프로이트가 말한 것처럼 긴장 감소가 아니라 미래에 대한 기대와 꿈이었다.

올포트는 건강한 사람들에게는 공통된 동기가 존재한다고 보았다. 바로 미래에 대한 기대와 동경 그리고 비전이다. 올포트에 따르면 건강한 사람들은 행복을 추구하지 않는다. 그들에게 행복은 목표가 아니라 미래의 비전을 성취해나가는 과정에서 얻는 부산물에 가

깝다. 이런 점에서 건강한 성격에 대한 올포트의 개념은 이율배반적인 특징이 있다. 올포트의 관점대로라면 건강한 사람들이 동경하는 목표는 결코 달성될 수 없다. 비록 궁극적인 목표에 근접한 부수적인 목표는 달성될 수 있을지라도 궁극적인 목표 그 자체는 영원히 달성될 수 없다. 왜냐하면 많이 얻을수록 그만큼 더 많이 원하게 되는 것이 자연스러운 인간의 본성이기 때문이다. 예를 들면 아문센이 목표로 한 탐험에서 성공을 거둔다 할지라도 그의 최종 목표가 완전하게 충족되는 것은 불가능하다. 영원히 새로운 도전을 추구하는 것이 그의 최종 목표이기 때문이다. 실제로 아문센은 하나의 탐험에 성공하더라도 그 즉시 다음 탐험을 계획하는 삶을 살았다.

올포트는 건강한 삶의 필요조건으로 프로프리움(proprium)이라는 개념을 제시했다. 프로프리움은 '적절한(appropriate)'이라는 형용사에서 차용한 말로, '느끼고 인지된 나'로서 개인의 삶에서 특별한 의미를 갖는 독특성을 뜻한다. 올포트는 프로프리움에 대한 조건으로 다음의 일곱 가지 기준을 소개했다. 첫째, 삶에서 의미 있는 활동에 투신함으로써 자아감이 확장되는 것이다. 둘째, 다른 사람들과 따뜻한 관계를 맺는 것이다. 셋째, 정서적 안정감이다. 넷째, 현실적인 판단력을 갖추는 것이다. 다섯째, 일에서 성공하는 데 필요한 지식과 기술을 획득하는 것이다. 여섯째, 자기 자신을 객관적으로 바라보는 것이다. 마지막으로 일관성 있는 삶의 철학을 확립하는 것이다.

마틴 셀리그만
낙관성의 심리학 – 세상의 어둠을 밝히는 마음의 빛

셀리그만은 '학습된 무력감'이라는 현상을 발견함으로써 학계에 두 각을 나타내기 시작했다. 학습된 무력감을 연구하는 과정에서 셀리 그만은 개들을 세 집단으로 나누었다. 첫번째 집단의 개들은 간단한 행동을 취해 충분히 피할 수 있는 형태의 전기충격을 받았다. 그리 고 두번째 집단의 개들은 어떤 행동을 해도 전기충격을 피할 수 없 었다. 세번째 집단의 개들은 동일한 실험상자 안에 들어갔지만 전기 충격을 받지 않았다.

첫번째 집단의 개들은 전기충격이 가해질 때 코로 칸막이 문을 밀 쳐 옆방으로 건너감으로써 전기충격을 피할 수 있었던 반면에 두번 째 집단의 개들은 오직 첫번째 집단의 개들이 옆방으로 건너갈 때에 만 전기충격을 받지 않았다. 따라서 첫번째 집단과 두번째 집단의 개들은 동일한 전기충격을 똑같이 받았지만, 첫번째 집단의 개들은

마틴 셀리그만 Martin E. Seligman 1942~
마틴 셀리그만은 미국의 심리학자 및 교육자로서, 긍정심리학의 창시자이다. 그는 비관적인 태도를 연구하면서 낙관성과 긍정심리학을 탄생시켰으며, 학습된 무기력 이론으로도 유명하다. 1964년 프린스턴대학교에서 철학을 공부했고 1967년에 펜실베이니아대학교에서 심리학 박사학위를 받았다. 미국심리학회의 회장을 역임했으며(1998년) 현재는 펜실베이니아대학교의 심리학과 교수이자 긍정심리학센터 소장을 맡고 있다. 주요 저서로는 『학습된 낙관주의』(1991), 『낙관적인 아이』(1996), 『긍정심리학』(2002), 『플로리시』(2011) 등이 있다.

전기충격을 피할 수 있다는 것을 배운 반면에 두번째 집단의 개들은 그렇지 못했다.

세 집단의 개들에게 이러한 사전경험을 거치도록 한 다음에 동일한 실험상자 안에 들어가도록 했다. 그 실험상자는 전기충격이 올 때 낮은 칸막이를 뛰어 넘어감으로써 전기충격을 쉽게 피할 수 있도록 설계되어 있었다. 첫번째 집단과 세번째 집단의 개들은 전기충격이 주어질 때 쉽게 칸막이를 넘어 도망갈 수 있었다. 하지만 사전 경험을 통해 전기충격이 피할 수 없는 사건이라고 학습한 두번째 집단의 개들은 전기충격이 와도 마냥 웅크린 채 탈출하려는 시도조차 보이지 않았다. 셀리그만은 이 두번째 집단 개들이 무력감을 학습한 것이라고 해석했다.

셀리그만과 히로토(Donald Hiroto)는 개를 대상으로 한 실험을 통해 얻어진 결과가 인간에게도 적용될 수 있는지 살펴보았다. 그들은 피험자들을 세 집단으로 나누었다. 첫번째 집단은 귀에 거슬리는 소음이 나올 때, 책상 위의 버튼을 눌러서 중단시킬 수 있었다. 두번째 집단의 경우엔 아무리 버튼을 누르더라도 소음이 중단되지 않도록 했다. 이들은 오직 첫번째 집단의 피험자들이 버튼을 눌러 소음을 중단시킬 때만 소음을 안 들을 수 있었다. 세번째 집단은 소음을 전혀 듣지 않았다. 그 다음 단계에서 세 집단 모두를 실험실로 데리고 가서 소음이 들려오면 버튼을 눌러서 중단시키라고 알려주었다. 첫번째 집단과 세번째 집단은 소음을 듣자마자, 버튼을 누름으로써 소음을 중단시켰다. 하지만 두번째 집단의 피험자들 중 약 3분의 2정도는 소음이 들려와도 아무런 조작을 하지 않은 채 무기력한 모습을 보였다. 셀리그만과 히로토는 학습된 무력감이라는 개념은 개나 쥐에게만 적용할 수 있는 것이 아니라 인간에게도 적용 가능한 이론이라고 확신할 수 있었다.

이 연구로 유명해진 셀리그만은 1975년에 옥스퍼드대학교에서 초청강의를 하게 되었다. 강연장에는 당대의 석학들이 운집했고 그들 중 대부분이 셀리그만의 학습된 무력감 개념을 높이 평가했다. 하지만 강의가 끝난 뒤에 영국의 임상 심리학자였던 티스데일(John Teasdale)은 그때까지 셀리그만이 간과하고 있었던 중요한 지점을 지적해주었다. 그것은 피험자들의 3분의 2는 무력감을 학습한 반면에 3분의 1은 그렇지 않았다는 사실이다. 이러한 결과는 우리에게 학습된 무력감이 존재하는 것은 부인할 수 없는 사실이지만 동시에 우리에게는 그 어떠한 상황에서도 좌절하지 않는 낙관성도 함께 있다는 주장도 진실일 수 있음을 보여준다. 티스데일은 셀리그만에게 학습된 무력감 이론 그 자체보다는 왜 피험자들의 3분의 2는 무력감을 학습한 반면에 3분의 1은 좌절하지 않았는지를 설명하는 것이 더 중요하다는 점을 일깨워주었다. 이 일을 계기로 셀리그만은 연구 방향을 긍정적 심리학으로 선회하게 된다. 그는 티스데일을 만난 이후로 '학습된 무력감'의 이론가로 남는 대신, '학습된 낙관성'의 심리학자가 되고자 노력했다.

사람들은 누구나 행복하고 낙관적이기를 바라지만, 사람들이 실제로 살아가는 모습을 가만히 들여다보면, 마치 불행해지기를 갈망하는 것처럼 사고하고 행동할 때가 있다. 셀리그만은 낙관적인 사람들을 보다 효과적으로 변별해내기 위해서 낙관성 척도를 개발했다.

그는 이 척도에서 낙관성을 세 가지 차원으로 분류했다. 바로 지속성(permanence), 확산성(pervasiveness) 그리고 개인화(personalization)이다.

지속성은 긍정적인 사건 또는 부정적인 사건이 일상생활에서 반복해서 일어나는 것으로 사건을 믿으며 또 그러한 판단에 기초해서 행동하는 것을 말한다. 부정적인 사건에 대한 지속성 수준이 높은 사람은 스스로 불행해지기를 원하지 않음에도 불구하고 자신도 모르는 사이에 동일한 사건이 삶에서 반복될 수밖에 없는 방향으로 사고하고 행동한다. 예를 들면, 실수로 중요한 서류를 빠트리고 출근한 경우, 지속성 수준이 낮은 사람은 "오늘은 깜박했네"라는 식으로 말한다. 하지만, 지속성 수준이 높은 사람은 "나는 원래 이래"라는 식으로 말한다. 후자 같은 경우에는 앞으로도 중요한 서류를 집에 두고 오는 사건이 또 일어날 가능성이 높다. 왜냐하면 스스로 자기는 원래 그렇다고 생각하면서 그런 습관을 개선하기 위한 노력을 덜 기울일 것이기 때문이다. 이런 점에서 부정적인 사건에 대한 지속성 수준이 높은 사람은 상대적으로 스트레스 상황에서 무기력감을 경험할 가능성이 높다.

지속성은 긍정적인 사건에 대해서도 적용될 수 있다. 어떤 모임에서 다른 사람들로부터 매우 좋은 평가를 받은 상황을 예로 들어보도록 하자. 이때 지속성 수준이 낮은 사람은 "그날따라 유난히 내 옷차림이 괜찮았어"라는 식으로 말할 것이다. 반면에 지속성 수준이 높은 사람은 "나는 언제나 사람들에게 인기가 있어"라는 식으로 말할 것이다. 물론 긍정적인 사건에 대한 지속성 수준이 높은 사람들이

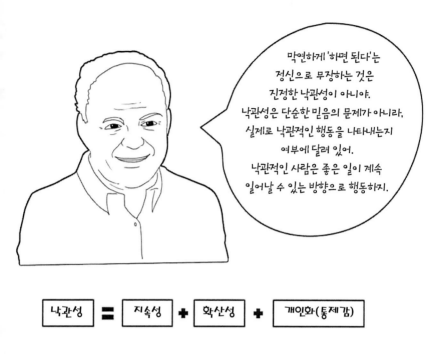

막연하게 '하면 된다'는
정신으로 무장하는 것은
진정한 낙관성이 아니야.
낙관성은 단순한 믿음의 문제가 아니라,
실제로 낙관적인 행동을 나타내는지
여부에 달려 있어.
낙관적인 사람은 좋은 일이 계속
일어날 수 있는 방향으로 행동하지.

낙관성 = 지속성 + 확산성 + 개인화(통제감)

더 자주 주변 사람들에게 좋은 평가를 받을 것이다.

확산성은 긍정적인 사건 또는 부정적인 사건이 벌어졌을 때 그러한 일이 일상의 다른 영역들에서도 일반적인 것으로 해석하고 믿으며 또 그러한 판단에 기초해서 행동하는 것을 말한다. 확산성 수준이 높은 사람은 스스로 불행해지기를 원하지 않음에도 자신도 모르는 사이에 그러한 사건이 삶에서 만연될 수밖에 없는 쪽으로 사고하고 행동하게 된다. 예를 들면, 직장 상사와 트러블을 일으킨 경우, 확산성 수준이 낮은 사람은 "나는 김 부장과는 잘 안 맞는 것 같아"라는 식으로 말하지만, 확산성 수준이 높은 사람은 "나는 직장 상사와는 관계가 안 좋아"라고 말한다. 후자의 경우, 그는 트러블을 일으킨 직장 상사 말고도 앞으로 함께 일하는 모든 상사들과 관계가 안 좋아질 가능성이 높다. 왜냐하면 직장 상사와 좋은 관계를 유지하기 위한 노력을 덜 기울일 것이기 때문이다.

확산성 역시 긍정적인 사건에 대해서도 적용될 수 있다. 어떤 프로젝트에서 매우 좋은 성과를 일궈낸 상황을 예로 들어보자. 이때 확산성 수준이 낮은 사람은 "나는 역시 기획에는 능해"라고 말할 수 있다. 반면에 확산성 수준이 높은 사람은 "나는 내가 맡은 일은 뭐든지 잘 해내"라는 식으로 말한다. 물론 전반적인 업무에서 좋은 성과를 내는 경험은 긍정적인 사건에 대한 확산성 수준이 높은 사람이 훨씬 더 많이 겪게 될 것이다.

개인화는 긍정적인 사건 또는 부정적인 사건이 일어났을 때 자신에게 얼마만큼 책임이 있다고 해석하고 또 믿는지를 말한다. 부정적인 사건에 대해서 개인화 수준이 높은 사람은 스스로 불행해지기를 원하지 않음에도 불구하고 자신도 모르는 사이에 그 사건이 자신의 잘못 때문이라고 생각하게 된다. 예를 들면, 친구 결혼식에 늦은 경우, 개인화 수준이 낮은 사람은 "청첩장에 안내가 제대로 안 돼 있어서 그랬어"라고 말한다. 하지만, 개인화 수준이 높은 사람은 "나는 길눈이 어두워"라고 말한다. 후자는 앞으로도 모임에 늦는 일이 많이 발생할 가능성이 높을 것이다. 왜냐하면 스스로 길눈이 어둡다고 믿기 때문에 나아지려는 노력을 더 적게 기울일 것이기 때문이다.

개인화 역시 긍정적인 사건에 대해서도 적용될 수 있다. 남편이 퇴근하면서 좋은 선물을 사가지고 온 여인을 예로 들어보자. 이때 개인화 수준이 낮은 사람은 "오늘 직장에서 좋은 일이 있었나 봐"라고 말할 것이다. 반면에 개인화 수준이 높은 사람은 "내가 어제 맛있는 요리를 해줘서 그럴 거야"라는 식으로 말한다. 여기서 중요한 점은 만약 남편이 직장에서 좋은 일이 있었기 때문에 선물을 사왔다고 해석한다면, 또 선물을 받기 위해서 부인이 할 수 있는 일은 없다는 것이다. 반면에 만약 자신이 요리를 잘 해줘서 그랬다고 믿는다면, 다음에도 요리를 잘 해줄 경우 선물을 또 받을 수 있을 것이라 기대할 수 있다.

셀리그만의 낙관성 이론은 심리학 이론들 중에서도 가장 강력한 예측 타당성을 갖추고 있는 이론 중 하나이다. 일반적으로 인간의 행동을 정확하게 예측한다는 것은 대단히 어려운 일이다. 그렇기 때문에 과거에는 많은 심리학적 이론들이 사후약방문식의 오류를 범하기도 했다. 현재 대부분의 심리학자들이 예측적인 연구의 중요성을 강조하고 있음에도 불구하고 실제로 예측 타당성이 입증된 이론은 별로 많지 않은 편이다. 하지만 셀리그만의 낙관성 이론은 예외다. 셀리그만 이론의 타당성은 다양한 사례에서 검증되었다.

그 대표적인 예가 셀리그만과 그의 동료가 낙관성 이론을 미국 대통령 선거에 적용한 연구다. 1988년 10월 말에 그들은 대통령 후보 수락 연설과 TV 토론에서 언급된 단어들을 분석하는 낙관성 분석법을 통해 공화당 대통령 후보인 조지 부시가 마이클 듀카키스보다 더 낙관적이며 그로 인해 9.2 퍼센트 차이로 부시가 대통령으로 당선될 것이라고 예측했다. 그리고 같은 해 11월에 열린 대통령 선거 결과, 부시는 실제로 듀카키스보다 8.2 퍼센트 더 많이 득표했다. 그들은 상원의원 선거 분석에서도 29명 중 25명의 당선을 정확하게 예측했다. 이러한 결과는 낙관적인 정치인이 선거에서 승리할 가능성이 높다는 사실을 보여준다. 사람들은 낙관적인 지도자를 더 선호하기 때문이다. 낙관성 이론은 이렇게 낙관적인 사람이 삶에서 더 성공적이라는 사실을 일깨워준다.

로버트 스턴버그

사랑의 삼각형 – 완전한 사랑을 위한 심리학

사랑에 관한 대표적인 심리학 이론 중 하나는 스턴버그가 제안한 사랑의 삼각형 이론(The Triangular Theory of Love)이다. 심리학자 스턴버그에 따르면, 사랑은 친밀감, 열정 그리고 책임감의 세 가지 요소로 구성되어 있다. 그리고 사랑의 이 세 가지 구성요소는 삼각형의 형태로 표현될 수 있다.

친밀감은 어떤 대상을 정서적으로 가까운 관계로 지각하는 것을 의미한다. 이러한 정서적인 친밀감은 관계를 맺고 있는 대상에게서 따뜻한 느낌을 받는 과정을 포함하고 있다. 일반적으로 가까운 관계에 있는 사람들이 다음과 같은 특성을 나타날 때 친밀하다고 할 수 있다. 첫째, 상대의 복지를 증진시키기를 열망한다. 둘째, 함께 행복을 경험한다. 셋째, 상대에게 존경심을 가진다. 넷째, 필요할 때 그에게 기대려 한다. 다섯째, 서로를 이해한다. 여섯째, 상대와 자신이

로버트 스턴버그 Robert Sternberg 1949~
로버트 스턴버그는 현재 오클라호마 주립대학교의 학장이자 수석 부총장으로 재직 중이다. 심리학과 교육학 IBM 교수로서 예일대학교의 '능력, 역량, 그리고 전문성 심리학 센터(Center for the Psychology of Abilities, Competences, and Expertise)' 소장을 역임했다. 2003년 미국 심리학회 회장으로 선출되었으며 미국심리학회에서 발행하는 『현대심리학: 도서 리뷰』의 편집장을 맡고 있다. 이제까지 약 950편의 저술 및 논문을 발표했다.

가진 것을 나눌 수 있다. 일곱째, 상대로부터 정서적인 지지를 받는다. 여덟째, 상대에게 정서적인 지지를 준다. 아홉째, 상대와 친밀한 의사소통을 한다. 열째, 자신의 삶에서 상대의 가치가 높게 평가된다.

열정은 상대방에게서 커다란 매력을 느끼고 또 그로 인해 상대방과의 관계에 낭만적으로 몰입하게 되는 것을 말한다. 비록 연인 사이에서는 성적인 매력이 열정의 핵심적인 부분이 되기도 하지만, 반드시 성적인 매력만이 사랑의 불길을 지피는 것은 아니다. 때로는 자기존중감, 유대의식, 자기실현의 욕구 등에 의해 열정적인 관계가 탄생하기도 한다.

책임감은 관계를 지속시키고 또 발전시키기 위해 상대방에게 헌신적인 노력을 기울이는 것을 말한다. 책임감은 대체로 언어적인 형태로 표현되는 경우가 많지만 반드시 그런 것은 아니다. 어떤 사람은 사랑하는 사람을 위해 최선을 다하면서도 말로는 전혀 내색을 안할 수도 있다. 또 어떤 사람은 상대방을 위해 최상의 노력을 기울이겠다고 맹세하지만 실제로는 무책임하게 행동하기도 한다.

사랑의 유형에는 지금까지 소개한 사랑의 세 가지 구성요소가 모두 갖춰진 경우도 있고, 그중 두 개가 갖춰진 경우, 그리고 하나만 있는 경우도 있다. 사랑의 세 가지 구성요소 중 그 어느 것도 갖추고 있지 못한 경우에는 당사자들이 아무리 서로 사랑하는 사이라고 주장하더라도 객관적으로는 사랑이라고 부르기 힘들다. 이렇게 사랑의 형태는 모두 8가지로 구분할 수 있다.

친구 같은 사랑은 사랑하는 관계가 친밀감만으로 구성되어 있는 경우다. 이러한 형태의 사랑은 초등학교 때부터 소꿉놀이를 함께 하

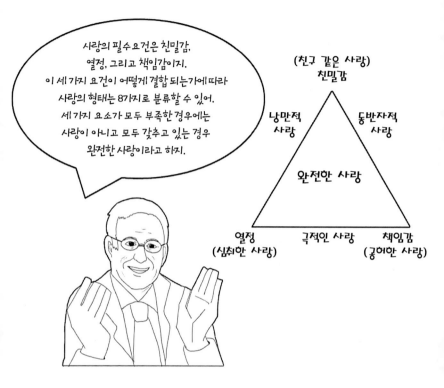

며 자란 이성 친구에게서 느끼는 감정과 비슷하다. 그러한 이성 친구와는 정서적으로 매우 가까운 느낌을 받으며 또 서로 흉금을 터놓고 지낼 수도 있지만 감정적으로 뜨겁게 달아오르거나 서로를 책임져야 한다는 의무감을 갖지는 않는다.

심취한 사랑은 사랑하는 관계가 열정만으로 구성되어 있는 경우다. 이러한 형태의 사랑은 누군가가 다른 사람을 일방적으로 짝사랑하거나 청소년이 연예인 스타에 빠져 지내는 경우에 전형적으로 나타난다. 일반적으로 열성적인 팬들은 스타를 보면서 열광하지만 그렇다고 해서 스타와 친밀한 관계를 공유하는 것은 아니다. 그리고 만약 경쟁 관계에 있는 스타들의 팬클럽 회원들이 서로 자신이 좋아하는 스타가 더 멋있다고 주장하다가 싸움이 벌어지더라도, 팬들이 좋아하는 스타가 그러한 싸움에 책임을 져야 할 이유는 없다.

공허한 사랑은 사랑하는 관계가 책임감만으로 구성되어 있는 경우에 해당된다. 이러한 형태의 사랑은 정략결혼에서 전형적으로 나타날 수 있다. 집안의 어른들끼리 혼담이 오고 간 뒤에 당사자의 의견과는 관계없이 결혼이 진행될 경우에는 친밀감과 열정이 빠진 상태에서 오로지 책임감만으로 관계가 유지되기도 한다. 따라서 공허한 사랑은 알맹이가 없는 상태에서 무늬만 사랑의 형태를 갖추고 있는 것이라고 할 수 있다.

낭만적인 사랑은 친밀감과 열정은 갖추고 있지만 책임감이 빠져 있는 관계를 지칭한다. 흔히 드라마나 영화 속에 등장하는 현실적으로 맺어질 수 없는 만남을 지속하는 연인들이 낭만적인 사랑의 예라 할 수 있다.

동반자적인 사랑은 친밀감과 책임감은 갖추고 있지만 열정적이지는 않은 관계를 가리킨다. 흔히 오랜 시간을 함께한 커플들이 이러한 형태의 관계를 맺는 경향이 있다. 남녀가 처음 사귈 때는 서로가 뜨겁게 달아오르지만 시간이 지나면서 그러한 열정은 점차 식어간다. 그렇게 오랜 시간이 지나고 나면 그 커플은 여전히 외형상 사이가 좋고 호흡도 척척 잘 들어맞지만 신혼 때만큼 뜨겁고 열정적인 분위기를 가지지는 못한다.

극적인 사랑은 열정적일 뿐만 아니라 서로에 대한 책임감을 느끼고 있지만 친밀감은 부족한 관계를 의미한다. 노총각, 노처녀가 우연히 친구 결혼식장에서 서로 눈이 맞아, 마치 천생연분을 만나기라도 한 것처럼 급속도로 가까워지면서 금세 결혼을 하는 경우가 바로 극적인 사랑이라 할 수 있다. 일반적으로 친밀감은 커플들이 만나서 오랜 시간을 함께하는 가운데 서서히 싹트는 것이기 때문에, 극적인 사랑을 나누는 커플들의 경우는 제아무리 정열적으로 연애를 하더라도 친밀감을 나누기 어렵다. 장기간에 걸쳐 다양한 경험을 공유함으로써 서로에 대해 친밀감을 느끼는 것과 취향이 일치하거나 반대되기 때문에 상대방의 매력에 빠져드는 것은 분명히 다르다. 극적인 사랑은 상대방에 대한 정보가 별로 없는 상태에서 빠져드는 것이기 때문에 시간이 지나면서 상대에 대해 더 많은 것을 알고 나면 처음의 환상이 깨질 수도 있다. 흔히 할리우드 스타 커플들이 언론의 스포트라이트를 받으면서 화려한 결혼식을 올리지만 얼마 지나지 않아 곧잘 결별하는 것은 바로 이들이 했던 사랑이 극적인 사랑이었기 때문이다.

완전한 사랑은 세 가지 사랑의 구성요소를 다 갖추고 있는 관계다. 이처럼 사랑을 완성하는 것은 결코 쉬운 일이 아니지만 그렇다고 불가능한 것은 아니다.

사랑의 삼각형 이론을 현실에 적용할 때 주의해야 할 점이 있다. 이 이론은 자신의 사랑을 되돌아보고 발전시키는 데 활용해야지 다른 사람들의 사랑을 평가하는 목적으로 사용해서는 안 된다는 것이다. 다른 사람들이 살아가는 모습에 대해서 평가를 할 때는 신중해야 한다. 왜냐하면 인생은 그 사람이 죽기 전까지는 어떻게 변하게 될지 아무도 모르는 것이니까. 현재 낭만적인 사랑을 하고 있는 커플들도 언제든지 완전한 사랑을 하게 될 수 있는 것이다.

미하이 칙센트미하이
몰입 – 행복을 위한 최적의 경험

『모리와 함께 한 화요일』에서 미치 앨봄은 루게릭 병에 걸려 죽어 가고 있는 스승인 모리 슈왈츠 교수에게 완벽한 하루에 관한 질문을 던진다. "만약 선생님의 의지대로 하루 일과를 정할 수 있다면 완벽한 하루를 어떻게 보내시겠습니까?" 이 물음에 모리 교수는 좋아하는 춤을 즐기고 정원의 풍경을 감상하며 사랑하는 사람들과 서로에 대한 존재의 의미를 확인하면서 시간을 함께 보내겠다고 대답했다.

스승의 대답을 들은 미치는 처음에는 크게 실망했다. 스승의 답변이 그다지 특별해 보이지 않았기 때문이다. 하지만 모리 교수가 대답한 내용을 미하이 칙센트미하이의 용어로 다시 말한다면, 그것은 바로 몰입(flow)이라 할 수 있다. 몰입의 경험은 의미 있고 즐거운 활동을 위한 필수 조건이다.

많은 사람들은 행복해지기 위해서는 자신이 행복해할 만한 일을 하는 것이 중요하다고 생각한다. 하지만 인간은 그 일을 할 때 스스

미하이 칙센트미하이 Mihaly Csikszentmihalyi 1934~
미하이 칙센트미하이는 클레어몬트대학교 피터드러커 대학원 교수이다. 몰입에 관한 연구로 유명한 세계적인 석학이다. 시카고대학교에서 박사학위를 받았으며 같은 대학교에서 심리학 교수를 역임했다.

8장 행복의 심리학   **237**

로 가장 행복할 수 있다고 믿는 일을 하더라도 결코 행복해질 수 없다. 이러한 점을 입증하기 위하여 미하이 칙센트미하이는 '경험추출법(Experience Sampling Method)'이라는 놀라운 방법론을 도입했다.

경험추출법은 피험자들에게 메신저를 나눠 준 뒤에 프로그램으로 신호를 보내 신호가 온 순간에 경험한 일상적인 일들을 평가한 자료를 수집하는 방법을 말한다. 경험추출법에서 피험자들은 메신저의 알람이 울리면 미리 교부받은 두 페이지의 설문 문항들에 응답한다. 이때 신호들은 프로그램에 따라 피험자들에게 무작위로 발신되지만 피험자들이 받는 신호는 일주일에 총 28회로 균등하다. 이러한 경험추출법의 가장 큰 장점은 과거의 경험을 회상하는 방식으로 자료를 수집할 때 발생하는 보고의 부정확성 문제를 예방할 수 있다는 것이다.

시카고대학교의 연구진들은 1년에 걸쳐 2300여 명의 피험자들을 대상으로 경험추출법을 진행함으로써, 일상생활에서 사람들이 어떤 활동에 어느 정도 시간을 투자하며 또 그러한 일들을 하는 순간에 경험하는 감정의 질이 어떠한지 보여주는 귀중한 자료를 수집할 수 있었다. 예를 들면, 일반적으로 사람들이 취미생활을 하는 데 일주일에 몇 시간 정도를 투자하며 그때 어떤 느낌을 받고 있는지 등에 대한 정보를 얻은 것이다.

연구 결과, 사람들이 주관적으로 가장 행복해하고 또 그렇기 때문에 동기 수준이 가장 높은 활동은 식사와 섹스, 그리고 수다 및 사교활동인 것으로 나타났다. 그런데 이러한 활동이 커다란 행복감을 주니까 사람들이 하루 종일 이러한 일들만 하면서 살아간다고 가정해

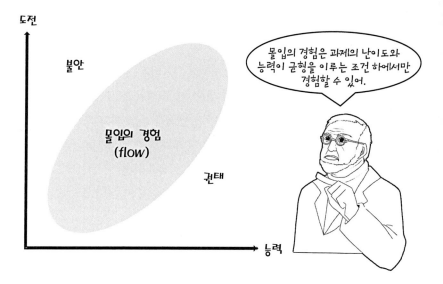

몰입의 경험은 과제의 난이도와 능력이 균형을 이루는 조건 하에서만 경험할 수 있어.

보자. 그러면 그 사람은 과연 자신의 삶에 만족하며 또 스스로 행복하다고 말할까? 그렇지 않을 것이다. 왜냐하면 그러한 경험들은 사람들에게 일시적인 만족을 줄지언정 최적의 경험을 제공해주지는 않기 때문이다. 실제로 사람들은 그러한 활동에서 최고 수준의 몰입을 나타내지 않는다.

경험추출법으로 얻은 자료를 보면, 사람들은 최적의 경험을 여가활동, 즉 취미와 운동에서 얻고 있는 것으로 나타났다. 여가활동은 식사나 섹스보다는 주관적인 행복감을 더 적게 경험하는 활동이다. 하지만 사람들은 다른 어떤 경험들보다 여가활동에서 최고 수준의 몰입을 할 수 있었다.

시카고대학교 연구진들은 경험추출법을 통해 사람들이 스스로에게 가장 큰 행복감을 주는 일들만 하면 결코 인간적인 행복감을 맛볼 수 없다는 점을 입증했다. 밀의 표현을 빌리자면, 사람들은 배부른 돼지가 되기보다는 배고픈 소크라테스가 되기를 원하는 것이다.

심리학적으로 휴식은 단순히 일에서 벗어나 심리적인 긴장감을 느끼지 않는 상태에서 쉬면서 시간을 보내는 것을 뜻하지 않는다. 휴식은 단순히 수동적으로 신체의 근육을 이완시킨 상태로 두는 것이 아니라 그 자체로서 적극적인 활동이 되어야 한다.

사람들이 휴식을 할 때 하는 활동에서 경험하는 심리적인 상태를 경험추출법으로 평가한 자료에 따르면, 사람들은 심리적인 긴장을 풀고 이완된 상태에서 수동적으로 음악을 청취하거나 TV를 시청할 때는 몰입의 경험을 하지 않는다. 게임과 운동 그리고 취미 활동처럼, 몰입은 심리적인 긴장과 근육 이완을 적정 수준으로 유지하는 경우에 나타날 수 있다. 다시 말해서 몰입은 신체적으로 완전히 긴장한 상태가 아닌 동시에 또 완전히 이완한 상태도 아닌 것이다.

미하이 칙센트미하이에 따르면, 몰입 경험은 과제의 난이도와 능력이 조화를 이루는 지점에서 찾아오는 최적의 정서적 체험이다. 능력에 비해 과제의 난이도가 너무 높으면 불안해질 것이고 능력에 비해 과제의 난이도가 너무 낮으면 지루해질 수 있다.

에이브러햄 매슬로우

절정경험 – 심리학적 몰아의 경지

심리학의 제3세력이라고도 불리는 인본주의(humanism) 이론은 정신 역동적 접근과 행동주의적 접근이 인간을 지나치게 부정적이고 수동적인 존재로 인식한다고 비판하면서 근본적으로 인간의 긍정적인 면을 강조한다. 인본주의에 따르면, 인간은 자유의지와 통합성, 성장을 향한 잠재력을 갖춘 존재다. 즉 인간은 환경이나 과거에 의해 결정적인 영향을 받는 것이 아니라 자기결정(self-determination)이 가능하며 자아실현을 향해 나아가는 존재라는 것이다.

에이브러햄 매슬로우는 긍정적인 인간관을 내세우며 자기실현의 욕구를 강조했다. 그는 프로이트가 심리학의 병든 반쪽을 우리에게 주었기 때문에 나머지 건강한 반쪽을 채워야 하는 것이 심리학자의 남은 의무라고 주장하기도 했다.

에이브러햄 매슬로우 Abraham Maslow 1908~1970
에이브러햄 매슬로우는 인본주의 심리학의 개척자다. 1908년 미국 뉴욕 브루클린 빈민가에서 출생했으나 부친이 사업에서 성공하면서 뉴욕 시립대학교에서 법률 공부를 시작하게 됐다. 하지만 1928년 위스콘신대학교로 옮겨 심리학으로 전공을 바꾸었고 여기에서 해리 할로우와 함께 영장류 연구를 진행했다. 1934년 심리학 박사학위를 취득한 후 컬럼비아대학교에서 손다이크와 연구 활동을 진행했으며 이후 브룩클린대학교에서 14년간 강의했다. 1968년 미국심리학협회 회장직을 맡았다. 주요 저서로는 『인간의 동기와 성격』(1954), 『존재의 심리학』(1968) 등이 있다.

일본이 진주만을 공격한 며칠 뒤 대학에서 강의를 마치고 귀가하던 중 매슬로우는 시민 행렬 때문에 잠시 길가에 정차해야 했다. 그때 그는 기진맥진한 상태에서 걸어가는 스카우트 단원들과 제복을 입고 있는 나이든 사람들을 지켜봤다. 행렬 앞에는 미국 국기가 펄럭이고 있었고 플루트로 어설픈 국가가 연주되고 있었다. 평소 투철한 인간애를 지니고 있었던 매슬로우는 이 애처로운 광경을 보면서 눈물을 흘렸다. 그리고 이 경험은 매슬로우의 인생을 송두리째 바꿔 놓았다. 이 순간 그는 평화에 기여하는 심리학 이론을 정립하는 데 자신의 인생을 바치겠다고 결심했다.

매슬로우는 욕구위계설(hierarchy of needs)과 건강한 성격이라는 개념을 통해 그러한 결심을 실천에 옮겼다. 매슬로우는 인간의 욕구들이 위계를 형성하고 있다고 주장했다. 매슬로우의 욕구위계설에 따르면, 인간의 욕구들은 크게 5가지 범주로 구분된다. 첫째, 가장 기본적인 욕구는 생물학적 욕구로서 배고픔, 갈증 등이다. 둘째, 안전의 욕구로서 장기적인 안정을 추구하는 것이 여기에 해당된다. 셋째, 소속과 애정의 욕구이다. 위험에 대한 걱정이 사라지면 우리는 사회적 관계를 맺으며 사랑하고 사랑받기를 원하게 된다. 넷째, 자아존중의 욕구이다. 스스로를 존중하고 유능하다고 믿으며 자신감을 가지고 싶어 한다. 다섯째, 자기실현의 욕구이다. 이것은 잠재력을 충족시키고 의미 있는 목표를 달성하고자 하는 욕구를 의미한다. 매슬로우는 이렇게 마지막 단계까지에 도달한, 자기실현적인 사람이 바로 건강한 성격의 소유자라고 했다. 그에 따르면, 사람들이 하위 단계의 욕구들을 완전하게 충족하더라도, 여전히 상위단계의 욕

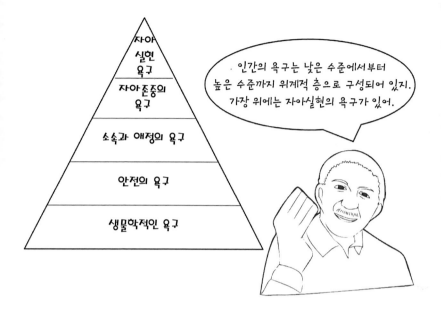

구들을 충족시키기 위한 동기가 남으며, 이러한 고차적 욕구에 대한 갈망은 자기실현의 단계에 도달하게 될 때까지 지속되는 것이다.

매슬로우는 자아실현을 하는 순간에 심리적으로 극도의 행복감을 느끼는 것을 절정경험이라고 정의했다. 그에 따르면, 절정경험은 자신이 우주의 중심이 되고 또 세계가 자신과 합일되는 것 같은 신비적인 체험을 동반한다. 그리고 그는 절정경험을 하는 사람이 극도의 쾌감 속에서 동서남북을 분간하지 못할 뿐만 아니라 시간에 대한 감각도 잃어버리게 된다고 주장했다. 따라서 이러한 절정경험을 맛볼 수 있는 순간을 눈앞에 두고 도로 내려오기로 결정한다면, 어리석은 선택이 아닐 수 없다. 매슬로우에 따르면, 절정경험을 이미 맛본 적이 있는 사람은 절대로 이러한 어리석은 선택을 하지 않는다.

매슬로우는 역사적인 인물들, 예를 들면, 토마스 제퍼슨과 같은 인물들에 대한 사례연구 및 경험적 연구를 통해 개인적인 성장을 지속시키는 건강한 성격의 특징을 밝히고자 했다. 그는 자아실현자의 특징으로 현실에 대한 명확하고 효율적인 지각, 자발성, 창의성, 사회적 관심, 절정경험, 깊이 있는 대인관계, 새로움과 도전에 대한 개방성, 철학적이고 적대적이지 않은 유머 등을 제시했다.

인본주의 이론의 특징 중 하나인 현상학적 접근은 성격 연구에 새로운 조망을 제공했다. 행동 및 성격을 이해하는 데는 객관적인 현실이 아니라 개인이 주관적으로 지각한 현실이 중요하다는 것이다. 예컨대, 칼 로저스의 내적인 참조틀이라는 개념 역시 각 개인의 관점에서 현실을 이해하고자 하는 노력을 반영한다. 또 인본주의는 인간에 대한 이해에서 총체적인 접근의 중요성을 강조했으며 인간을 창의성과 성장을 향해 나아가는 긍정적인 존재로 파악했다.

인본주의 이론에 대한 약점은 많은 개념들이 다소 모호하고 검증이 어려우며 이론을 입증하는 실험적인 증거들이 부족하다는 데 있다. 또 프로이트 이론과는 정반대로 인간의 본성에 대해 지나치게 혹은 비현실적으로 낙관적인 입장을 취한다는 비판도 있다. 자기개념을 강조하다 보니 중요한 환경적 변인을 간과했다는 지적도 받는다.

월터 미쉘
마시멜로 테스트 – 자기통제 능력을 통한 성공지수 확인하기

컬럼비아대학교의 심리학자인 월터 미쉘은 마시멜로 테스트로 알려진 실험을 통해 정서적인 통제 능력의 높고 낮음이 아이의 미래에 매우 중대한 변화를 가져올 수 있다는 점을 보여주었다. 그는 네 살짜리 아이들에게 맛있는 과자(마시멜로)를 한 봉지씩 나누어 준 뒤, 그 과자를 지금 당장 먹을 수도 있고 30분을 기다렸다가 먹을 수도 있다고 말해주었다. 이때 그는 아이들에게 만약 30분을 기다렸다가 먹으면 기다린 점을 감안해서 상으로 과자 한 봉지를 더 준다고 알려주었다. 그러자 아이들 중에는 과자를 받는 즉시 먹어치우는 아이가 있는가 하면 30분을 기다리는 아이도 있었다.

이 실험에서 30분을 기다렸다가, 즉 30분간 먹고 싶은 욕구를 참았다가 나중에 더 큰 만족(과자를 1봉지 더 받는 것)을 얻은 아이들은 정

월터 미쉘 Walter Mischel 1930~

월터 미쉘은 '의지력' 즉, '자기 통제력'에 대한 매커니즘을 실험을 통해 밝혀낸 미국의 사회심리학자다. 그는 '마시멜로 실험'이라는 유명한 실험을 통해, 1960년 후반부터 1970년 초반까지 유아기 만족을 지연하는 능력이 청소년기 SAT 점수나 사회적, 인지적 능력, 교육적 성취 등과 상관이 있었고, 잠재적인 취약점에 대해 보호요인의 역할을 한다는 것을 밝혔다. 1956년 오하이오 주립대학교에서 임상심리학 박사학위를 받았고 1983년 이후로 컬럼비아대학교의 심리학과에 재직 중이다. 주요 저서로는 『성격과 평가』(1968), 『성격의 인지적 사회학습 재개념화를 향하여』(1973), 『성격의 인지-감정 시스템 이론』(1995), 『인격의 통합적 과학을 향하여』(2004) 등이 있다.

서적인 조절 능력이 더 높다고 할 수 있다. 이러한 과정을 통해 정서적인 조절 능력이 높은 아이와 낮은 아이를 구분한 다음에 그는 약 14년간 이 아이들의 삶에서 어떤 변화가 나타나는지를 추적 관찰했다.

예상했던 대로, 큰 차이가 있었다. 정서적인 조절 능력이 높은 아이들, 즉 30분간 참은 아이들은 정서적인 조절능력이 낮은 아이들보다 학교 성적이 훨씬 높았다. 또 이 아이들은 학교에서 친구들과 교사들에게서 '인기 있는 사람' 또는 '좋은 사람'이라는 평가를 받았다. 그뿐만 아니라 정서적인 조절 능력이 높았던 아이들은 정서적인 조절능력이 낮은 아이들보다 대학입학 시험점수(SAT)가 평균적으로 210점이나 더 높은 것으로 나타났다. 정서적인 조절능력이 낮은 아이들은 학교에서 외톨이로 생활하거나 스트레스에 더 쉽게 좌절하고 어려운 일에 도전하는 것을 힘들어했다.

4살 때에 30분간 맛있는 간식을 먹는 것을 참는 것 자체는 그다지 중요한 사건은 아니라고 할 수 있다. 하지만 그러한 정서적인 조절 능력이 욕구를 참는 일뿐만 아니라, 기쁨·슬픔·흥분·긴장·불안 등 다양한 정서적 세계에 적용되자 14년이 지난 후에는 눈덩이처럼 효과가 커진 것을 확인할 수 있었다. 4살 때에 30분간 참을 수 있었던 집단과 그렇지 못했던 집단은 14년 후에 정서적인 생활뿐만 아니라 성격과 학업 성적에 이르기까지 생활의 거의 모든 면에서 현격한 차이를 보였다.

심리학자들은 자기통제가 근육과 유사한 특징을 갖는다고 지적한다. 근육과 자기통제 역시 잘 먹고 잘 자면서 단련하면 더욱 강해진

다는 것이다. 실제로 훈련을 통해 자기통제 능력을 향상시키는 것이
가능하다.

한 실험에서 사람들에게 2주 동안 바르게 앉도록 노력하거나 또
는 먹은 음식을 빼놓지 않고 일기에 적어보도록 시켰다. 사소하게
보이지만 자기통제나 자기관찰을 연습시킨 것이다. 조금 실망스럽
게도 2주 뒤에도 사람들의 의지력은 그다지 나아지지 않았다. 다만
흥미로운 현상이 나타났는데 한 가지 자기통제 과제를 하고 나서 다
른 자기통제 과제를 할 때도 여전히 비슷한 수준으로 해낸 것이다.

다시 말해 의지력이 고갈되는 것은 훈련 전과 다를 바 없었지만 훈련하기 전보다 의지력이 복원되는 속도가 빨라졌다.

이외에도 다양한 훈련 방법이 자기통제에 효과적인 것으로 밝혀졌다. 규칙적인 운동, 말을 제대로 된 문장으로 하기, 안 쓰던 손을 쓰기, 편견 섞인 말을 하지 않으려고 노력하기 등이 그 예이다. 이러한 활동은 모두 간단하지만 하던 대로 행동하지 않고 자신의 모습에 관심을 기울여 모니터링하면서 자기통제 연습을 할 수 있도록 해준다.

이러한 자기통제 연습 효과는 광범위하게 나타날 수 있다. 자기통제 훈련을 한 사람들은 흡연, 음주, 불량식품 섭취, 카페인 섭취, 충동구매, 텔레비전 시청이 줄어든 것은 물론이고 심지어 설거지도 오래 쌓아놓지 않고 제때 하게 됐다. 동시에 식습관도 좋아지고 공부도 열심히 하고 감정 조절도 잘할 수 있었다. 이처럼 사소한 행동이라도 스스로를 모니터링하는 습관이 붙으면 다른 행동에도 자연스럽게 확산될 수 있다.